すみっコぐらし™ 学習ドリル

小学2年の国語 文しょう読解

しろくま

北からにげてきた、さむがりでひとみしりのくま。あったかいお茶をすみっこでのんでいるときがおちつく。

ぺんぎん？

じぶんはぺんぎん？じしんがない。昔はあたまにお皿があったような…。

とんかつ

とんかつのはじっこ。おにく1%、しぼう99%。あぶらっぽいからのこされちゃった…。

ねこ

はずかしがりやのねこ。気が弱く、よくすみっこをゆずってしまう。

とかげ

じつは、きょうりゅうの生きのこり。つかまっちゃうのでとかげのふりをしている。

読解力はどの教科にも通じる力となる

小学校の国語科で担う基礎学力は、「話す力」「聞く力」「書く力」「読む力」「言葉に関する知識と、それを運用する力」「古典に親しむ態度と言語文化を享受し継承・発展させる力」など多岐にわたります。本ドリルでは、特に「読む力」（読み解く力）を大切なものと位置づけて、「読解力」の向上を図ることを目指して制作しました。

読解力は、国語だけではなく、算数や社会など全教科における学びにも通じます。〝きちんと読み、きちんと考える〟ということが、〝話す〟〝聞く〟〝書く〟といった言語活動に必要な力の向上へとつながり、バランスよく総合的に「読み解く」問題に取り組むことは、思考力・判断力・表現力を育みます。

読むことを通して、子どもが自らその成果を自分で獲得し、さらに、他者に向けて発信する言語活動へと繋げていけるような工夫を施した場面設定・問題設定をまとめたものが本書です。

小学校2年生では、習得する漢字も小学1年生のときの倍になるとともに、語彙数も増えて、さらに長い文章を読み書きする場面や機会が増えます。文章の読み取りも「はじめ・なか・おわり」から場面設定が増え、「起・承・転・結」へと発展しており、段落を読み解き、〝問い〟と、それに対する〝答え〟を見つけることを学習します。また、「主語・述語」、「つなぎの言葉（接続語）」、「音や様子、気持ちを表す言葉（形容詞・副詞）」についても学び、より深く「読み解く」ことが大切となります。本ドリルでは、小学2年生を対象に、バランスよく、そして総合的に「読み解く」問題を学習できるような構成としました。

本ドリルを活用して、読解力を自覚的そして自主的に獲得できるように願っています。

鈴木一正

慶應義塾幼稚舎教諭／博士（政策・メディア）

この　ドリルの　つかい方

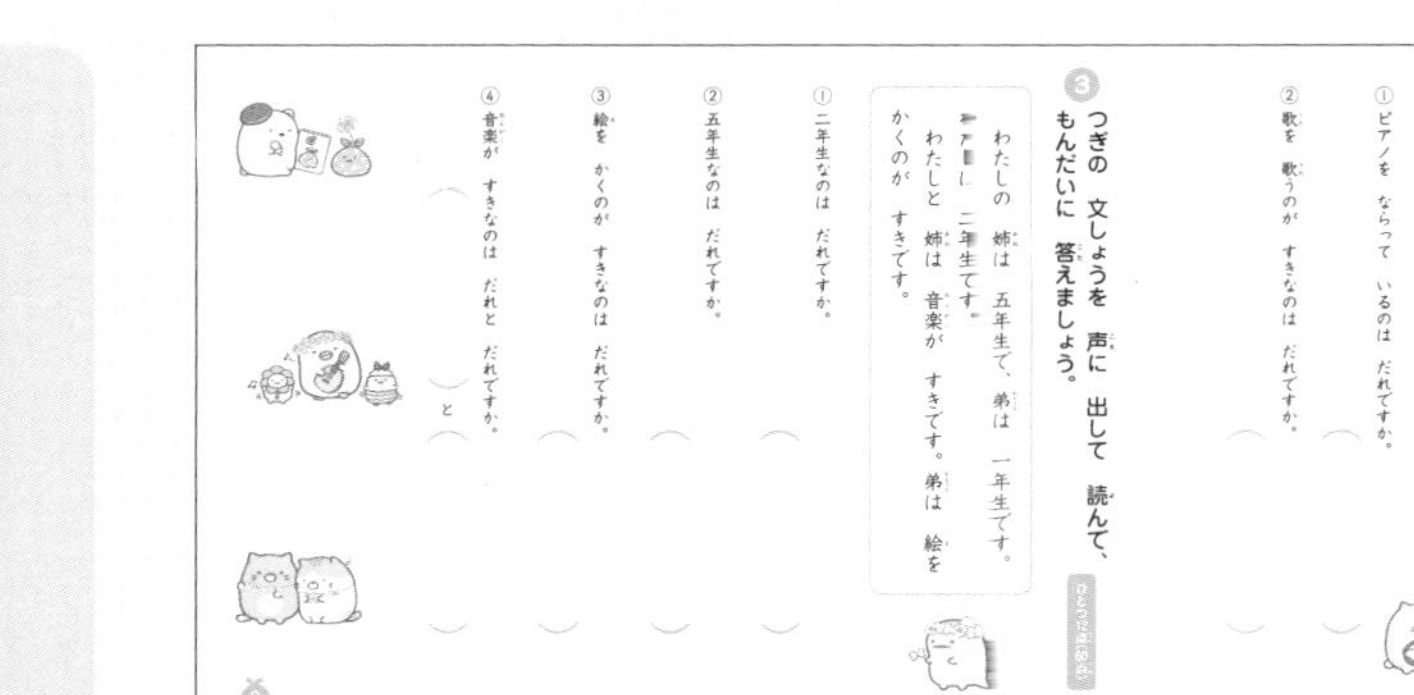

3　しゅ語を見つける①

1　つぎの　文しょうを　声に　出して　読んで、もんだいに　答えましょう。

たびおかは　ひねくれものの　みにっコです。
ほこりは　のうてんきな　みにっコです。

①　ひねくれものの　みにっコは　だれですか。

②　のうてんきな　みにっコは　だれですか。

2　つぎの　文しょうを　声に　出して　読んで、もんだいに　答えましょう。

友だちは　ピアノを　ならって　います。わたしは
歌を　歌うのが　すきです。

①　ピアノを　ならって　いるのは　だれですか。

②　歌を　歌うのが　すきなのは　だれですか。

3　つぎの　文しょうを　声に　出して　読んで、もんだいに　答えましょう。

わたしの　姉は　五年生で、弟は　一年生です。
[illegible]に　二年生です。
わたしと　姉は　音楽が　すきです。弟は　絵を
かくのが　すきです。

①　二年生なのは　だれですか。

②　五年生なのは　だれですか。

③　絵を　かくのが　すきなのは　だれですか。

④　音楽が　すきなのは　だれと　だれですか。

（　　　）と（　　　）

1 ドリルを　した　日にちを
書きましょう。

2 文や　文しょうを　読みとります。
声に　出して　ていねいに
読みましょう。

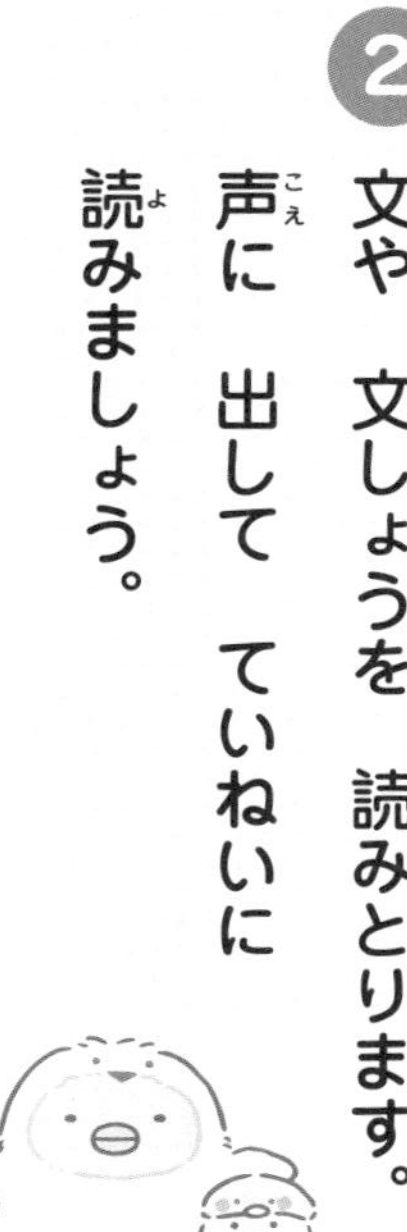

3 おわったら　おうちの　かたに
答え合わせを　して　もらい、
点数を　つけて　もらいましょう。

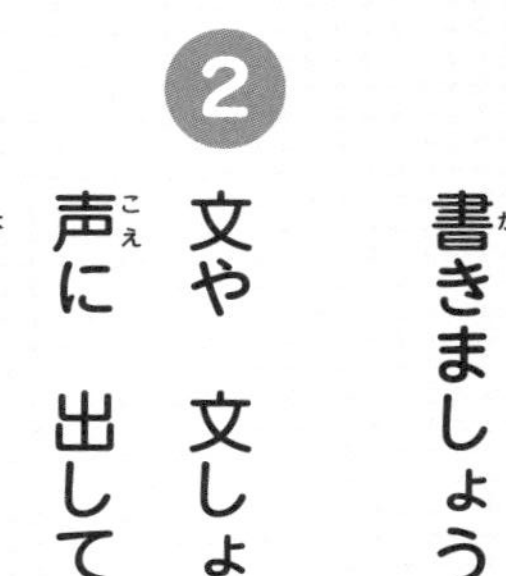

4 一回分が　おわったら
「できたね　シール」を
一まい　はりましょう。

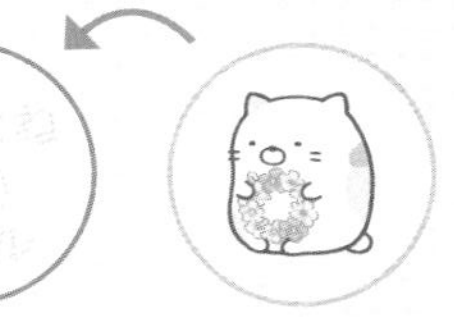

おうちの方へ

- このドリルでは、２年生で学習する国語のうち、文章読解を中心に学習します。
- 学習指導要領に対応しています。
- 答えは74～88ページにあります。一回分の問題を解き終えたら、答え合わせをしてあげてください。
- このドリルでは、文章の中のことばを正解としています。似た言い方のことばであれば、正解としてあげてください。
- まちがえた問題は、どこをまちがえたのか確認して、しっかり復習してください。
- 「できたね　シール」は多めにつくりました。あまった分はご自由にお使いください。

1 文しょうの 書きうつし①

1 それぞれの もんだいに 答えましょう。

ぜんぶで50点

① つぎの 文を 声に 出して 読みましょう。

すみっコたちは、おさんぽ中に まいごの こいぬに
出会いました。

② つぎの 文を ていねいに なぞりましょう。

③ □の 文を ていねいに 書きうつしましょう。

★ことばと ことばの 間は あけなくて かまいません。 ★丸（。）や 点（、）も 一つの ますに 書きましょう。

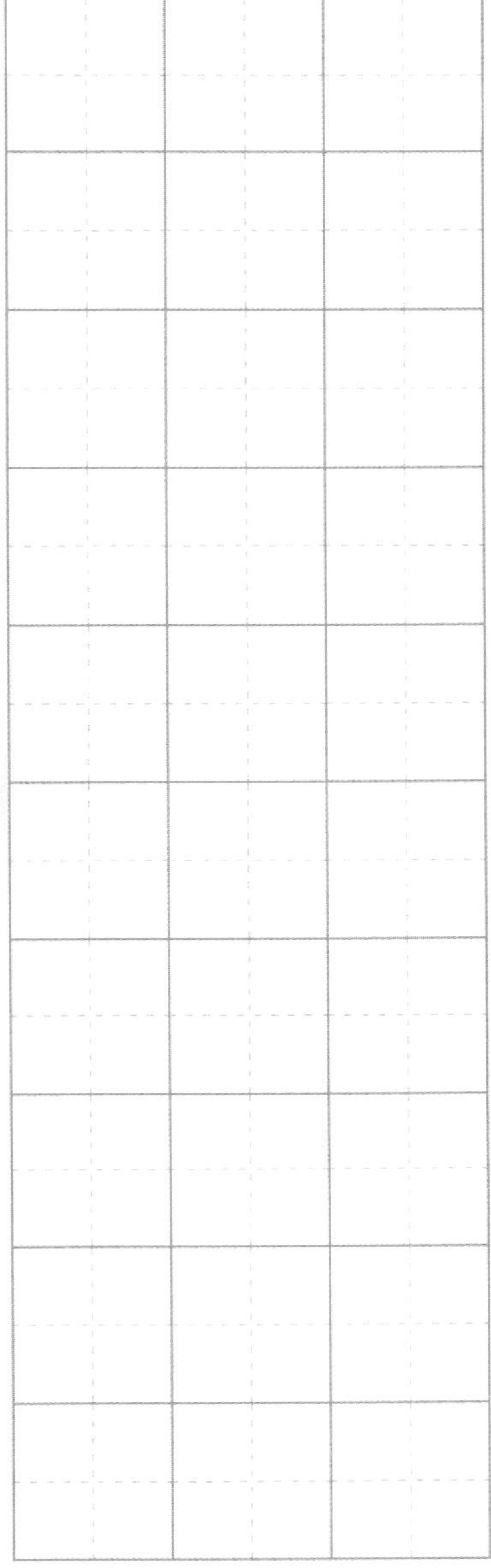

2 それぞれの もんだいに 答えましょう。

ぜんぶで50点

① つぎの 文しょうを 声に 出して 読みましょう。

星空の きれいな 夜。とかげは ひとり うとうと
ねて しまいました。

② つぎの 文しょうを ていねいに なぞりましょう。

星	空	の	き	れ	い	な	夜	。	と
か	げ	は	ひ	と	り	う	と	う	と
ね	て	し	ま	い	ま	し	た	。	

③ □の 文しょうを ていねいに 書きうつしましょう。

★ことばと ことばの 間は あけなくて かまいません。 ★丸（。）や 点（、）も 一つの ますに 書きましょう。

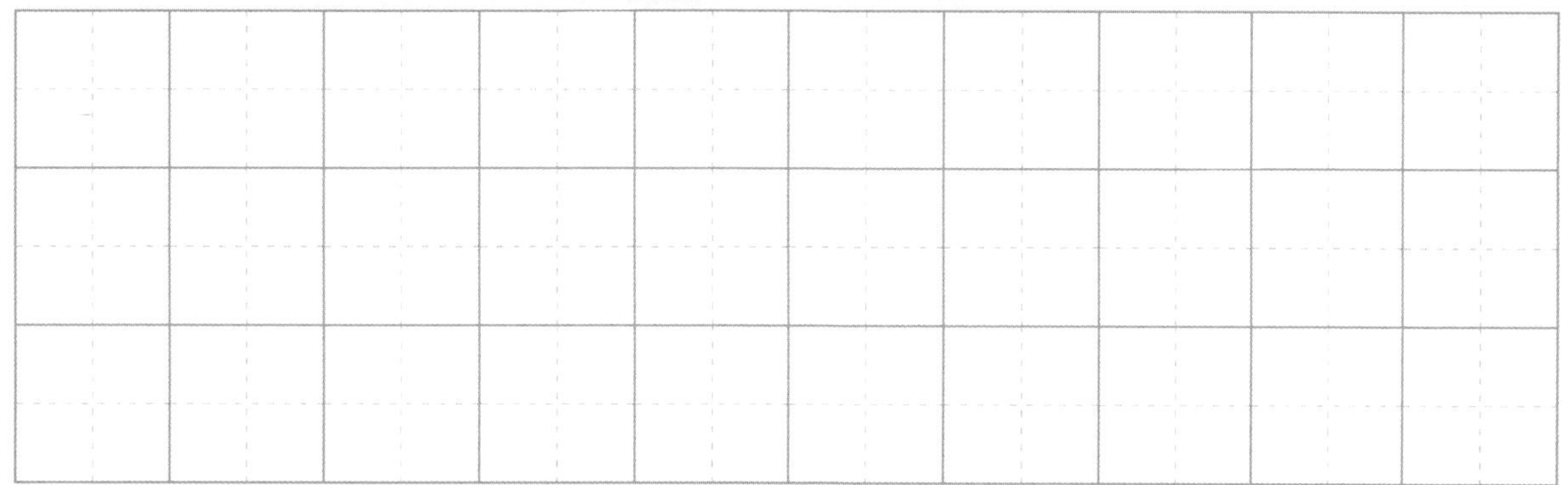

2 文しょうの 書きうつし②

1 それぞれの もんだいに 答えましょう。

ぜんぶで50点

① つぎの 文しょうを 声に 出して 読みましょう。

　すみっコたちは、みんなで おかしやさんに いく
ことに しました。
　おかしやさんに つくと、ねこの きょうだいたちも
あそびに きて いました。

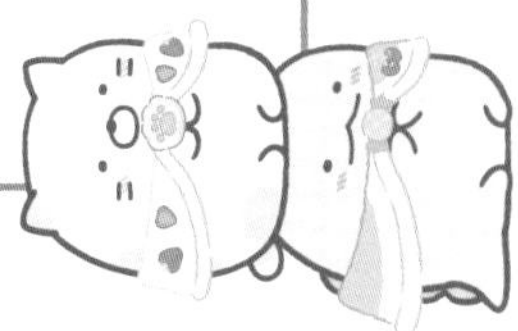

② □の 文しょうを ていねいに 書きうつしましょう。

★ことばと ことばの 間は あけなくて かまいません。
★書きはじめは 一ます あけましょう。
★丸（。）や 点（、）も 一つの ますに 書きましょう。
★行を かえたら 一ます あけましょう。

② それぞれの　もんだいに　答えましょう。

ぜんぶで50点

① つぎの　文しょうを　声に　出して　読みましょう。

わたしは　スケートが　とくいです。今は　ジャンプの
れんしゅうを　して　います。
友だちが　れんしゅうを　見て、
「すごいね。」
と　言って　くれたのが　とても　うれしかったです。

② □の　文しょうを　お手本に　して　**自分の　とくいな　ことや　すきな　ことを**　書いて　みましょう。カタカナや　「　」をつかえると　いいですね。書けたら　声に　出して　読みましょう。

★ことばと　ことばの　間は　あけなくて　かまいません。
★丸（。）や　点（、）も　一つの　ますに　書きましょう。
★書きはじめは　一ます　あけましょう。
★行を　かえたら　一ます　あけましょう。
★「　」の中の。と　」は、同じ　ますに　書きましょう。

3 しゅ語を 見つける①

月　日　点

できたね シール

1 つぎの 文しょうを 声に 出して 読んで、もんだいに 答えましょう。　ひとつ10点(20点)

　たぴおかは ひねくれものの みにっコです。ほこりは のうてんきな みにっコです。

① ひねくれものの みにっコは だれですか。

(　　　　　　)

② のうてんきな みにっコは だれですか。

(　　　　　　)

2 つぎの 文しょうを 声に 出して 読んで、もんだいに 答えましょう。　ひとつ10点(20点)

　友だちは ピアノを ならって います。わたしは 歌を 歌うのが すきです。

① ピアノを ならって いるのは だれですか。

(　　　　　　)

② 歌を 歌うのが すきなのは だれですか。

(　　　　　　)

3 つぎの　文しょうを　声に　出して　読んで、もんだいに　答えましょう。

ひとつ12点(60点)

わたしの　姉は　五年生で、弟は　一年生です。わたしは　二年生です。

わたしと　姉は　音楽が　すきです。弟は　絵を　かくのが　すきです。

① 二年生なのは　だれですか。

（　　　　）

② 五年生なのは　だれですか。

（　　　　）

③ 絵を　かくのが　すきなのは　だれですか。

（　　　　）

④ 音楽が　すきなのは　だれと　だれですか。

（　　　　）と（　　　　）

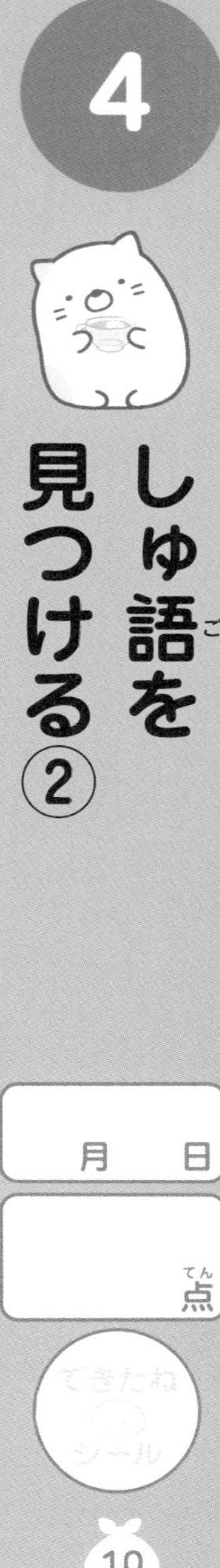

4 しゅ語を見つける②

月　日

点

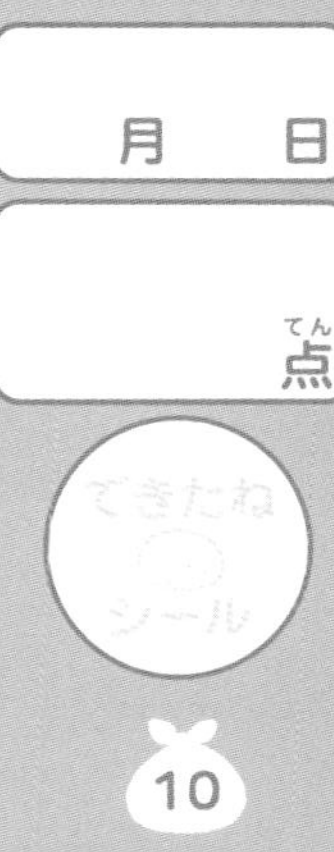

1 つぎの 文しょうを 声に 出して 読んで、もんだいに 答えましょう。

ひとつ12点（24点）

わたしは 公園で サッカーを しました。それから、図書かんで 本を かりて 帰りました。

① 公園で 何を して あそびましたか。

（　　　　　　）

② 図書かんで 本を かりたのは だれですか。

（　　　　　　）

2 つぎの 文しょうを 声に 出して 読んで、もんだいに 答えましょう。

ひとつ12点（24点）

強い 風が ふいて きました。まどガラスが ガタガタと 音を 立てました。

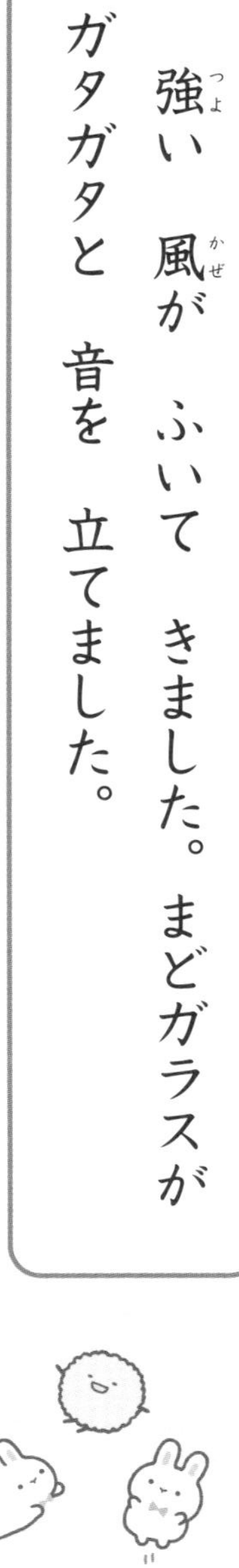

① ふいて きた ものは 何ですか。

強い（　　　　　　）

② ガタガタと 音を 立てた ものは 何ですか。

（　　　　　　）

③ つぎの　文しょうを　声に　出して　読んで、もんだいに　答えましょう。

ひとつ13点(52点)

雨が　ふって　きたので、わたしは　かさを　さしました。家に　帰ったら　すぐに　しゅくだいを　やりました。

ばんごはんを　食べた　あと、家ぞく　みんなで　ケーキを　食べました。

① 何が　ふって　きましたか。

(　　　　　　)

② 家に　帰ってから　しゅくだいを　したのは　だれですか。

(　　　　　　)

③ ケーキを　食べたのは　だれですか。

(　　　　　　)

④ ケーキを　食べる　前に　何を　食べましたか。

(　　　　　　)

5 「いつ」「どこで」の ことば①

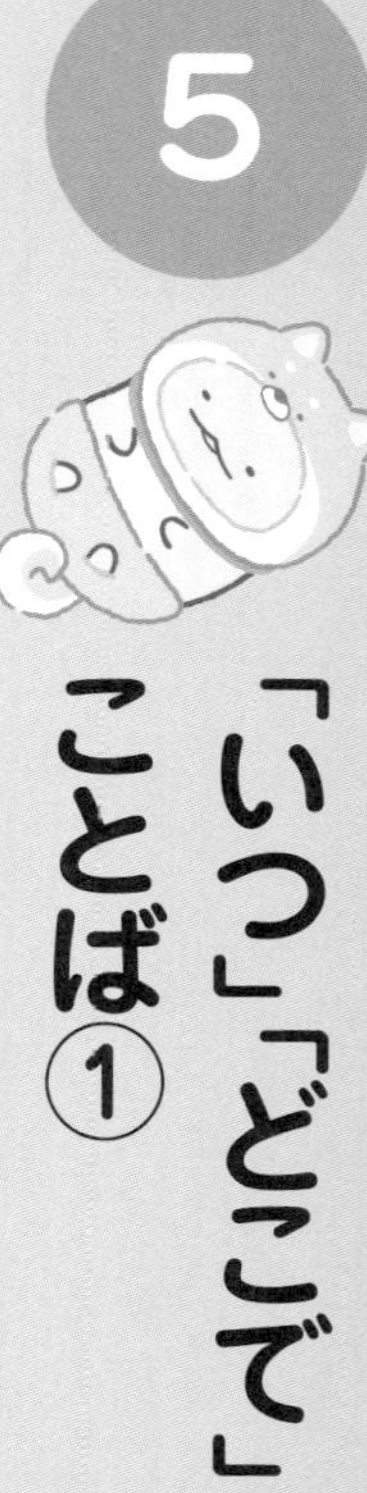

月　日　点

1 つぎの 文を 声に 出して 読んで、「いつ」に あたる ところに ―― を 引きましょう。

ひとつ10点(30点)

① 今日は うんどう会が ある。

② 妹は 今年から 小学生に なる。

③ きのうは 学校が お休みだった。

2 つぎの 文を 声に 出して 読んで、「いつ」に あたる ことばを （　）に 書きましょう。

ひとつ10点(20点)

① 昼休みに 校ていで 友だちと あそぶ。

（　　　　）

② 来週は 兄の 入学しけんが ある。

（　　　　）

3 つぎの 文を 声に 出して 読んで、「どこ」に あたる ところに ——を 引きましょう。

ひとつ10点(30点)

①やまは よく おんせんに あらわれます。

②しろくまは 北から 来ました。

③おばけは やねうらに すむ みにっコです。

4 つぎの 文を 声に 出して 読んで、「どこ」に あたる ことばを（ ）に 書きましょう。

ひとつ10点(20点)

①公園で おにごっこを して あそぶ。（ ）

②姉と いっしょに 学校へ 行く。（ ）

6 「いつ」「どこで」のことば②

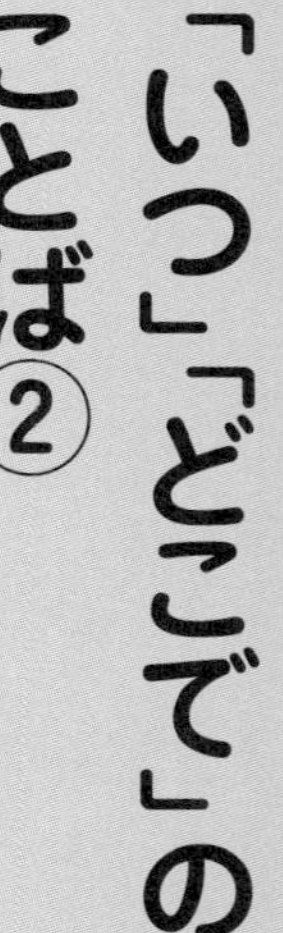

月　日

点

1 つぎの 文を 声に 出して 読んで、もんだいに 答えましょう。

ひとつ25点(50点)

> しゅくだいが 今日 おわったので、あした 図書かんに かりた 本を かえします。

① しゅくだいが おわったのは いつですか。□から えらんで 書きましょう。

(　　　　　)

② 図書かんに 本を かえすのは いつですか。□から えらんで 書きましょう。

(　　　　　)

おととい	きのう	今日	あした	あさって

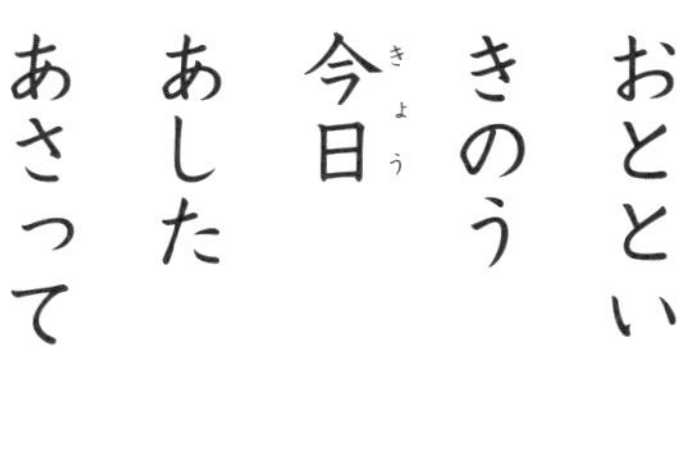

2 つぎの 文しょうを 声に 出して 読んで、もんだいに 答えましょう。

ひとつ25点（50点）

学校から 家に 帰って、ランドセルを おいた。
それから 公園へ 行って 友だちと あそんだ。

① 家に 帰る 前は どこに いましたか。□から えらんで 書きましょう。

（　　　　）

② 家に 帰った あとは どこへ 行きましたか。□から えらんで 書きましょう。

（　　　　）

公園
図書かん
家
学校
えい画かん

7 「いつ」「どこで」の ことば③

1 つぎの 文しょうを 声に 出して 読んで、もんだいに 答えましょう。

ひとつ10点(20点)

> 妹は きのう かぜを ひいて 学校を 休みました。なおったので 今日は 学校に 行きました。

① 妹は いつ 学校を 休みましたか。

(　　　　　)

② 妹は 今日 どこへ 行きましたか。

(　　　　　)

2 つぎの 文しょうを 声に 出して 読んで、もんだいに 答えましょう。

ひとつ10点(20点)

> ツバメは 春に 南から 来ます。そして 秋に なると、また あたたかい 南へ 帰ります。

① ツバメは いつ 南から 来ますか。

(　　　　　)

② ツバメは 秋に なると どこへ 帰りますか。

(　　　　　)

③ つぎの　文しょうを　声に　出して　読んで、もんだいに　答えましょう。

ひとつ12点（60点）

　クマは　冬みんを　します。冬みんの　前に、クマは　たくさん　食べて　えいようを　たくわえます。
　おなかが　いっぱいに　なった　クマは、冬の　あいだ　あなの　中で　すごします。

① クマが　冬みんを　する　きせつは　いつですか。

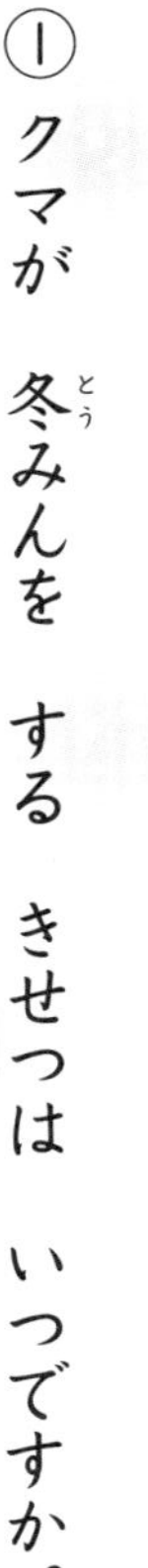

（　　　　　　）

② クマが　たくさん　食べるのは　いつですか。

（　　　　　　　　　　）

③ クマは　どこで　冬みんしますか。

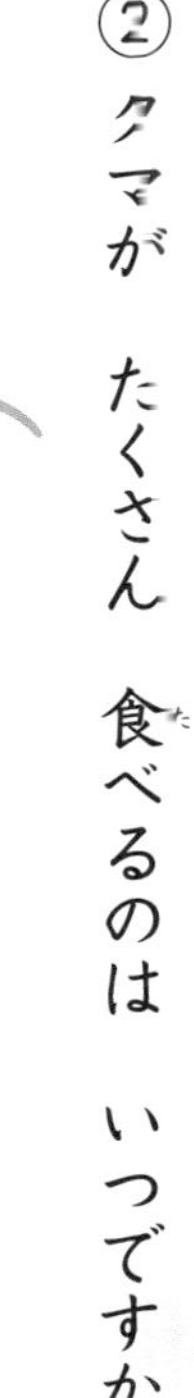

（　　　　　　　　　　）

じゅつ語を見つける①

1 つぎの　文を　声に　出して　読んで、「どうした」に　あたる　ところに　――を　引きましょう。

ひとつ10点(30点)

① しろくまが　お茶を　のんだ。

② とかげが　およいだ。

③ とんかつが　えびふらいのしっぽと　あそんだ。

2 つぎの　文を　声に　出して　読んで、「どうした」に　あたる　ことばを（　）に　書きましょう。

ひとつ10点(30点)

① みんなで　いっしょに　歌を　歌った。（　　　）

② ぐ合が　わるいので　学校を　休んだ。（　　　）

③ 画家が　ふじ山の　絵を　かいた。（　　　）

③ つぎの　文しょうを　声に　出して　読んで、もんだいに　答えましょう。

ひとつ20点（40点）

兄が　学校から　帰ってきた。そして、おやつを食べてから　わたしと　いっしょに　テレビを　見た。

① 兄は　学校から　帰ってから、さいしょに　何を　しましたか。
□から　えらんで　書きましょう。

（　　　　　　）

② わたしは　兄と　いっしょに　何を　しましたか。
□から　えらんで　書きましょう。

（　　　　　　）

学校から帰った テレビを見た しゅくだいをやった おやつを食べた ゲームをした

9 じゅつ語を見つける②

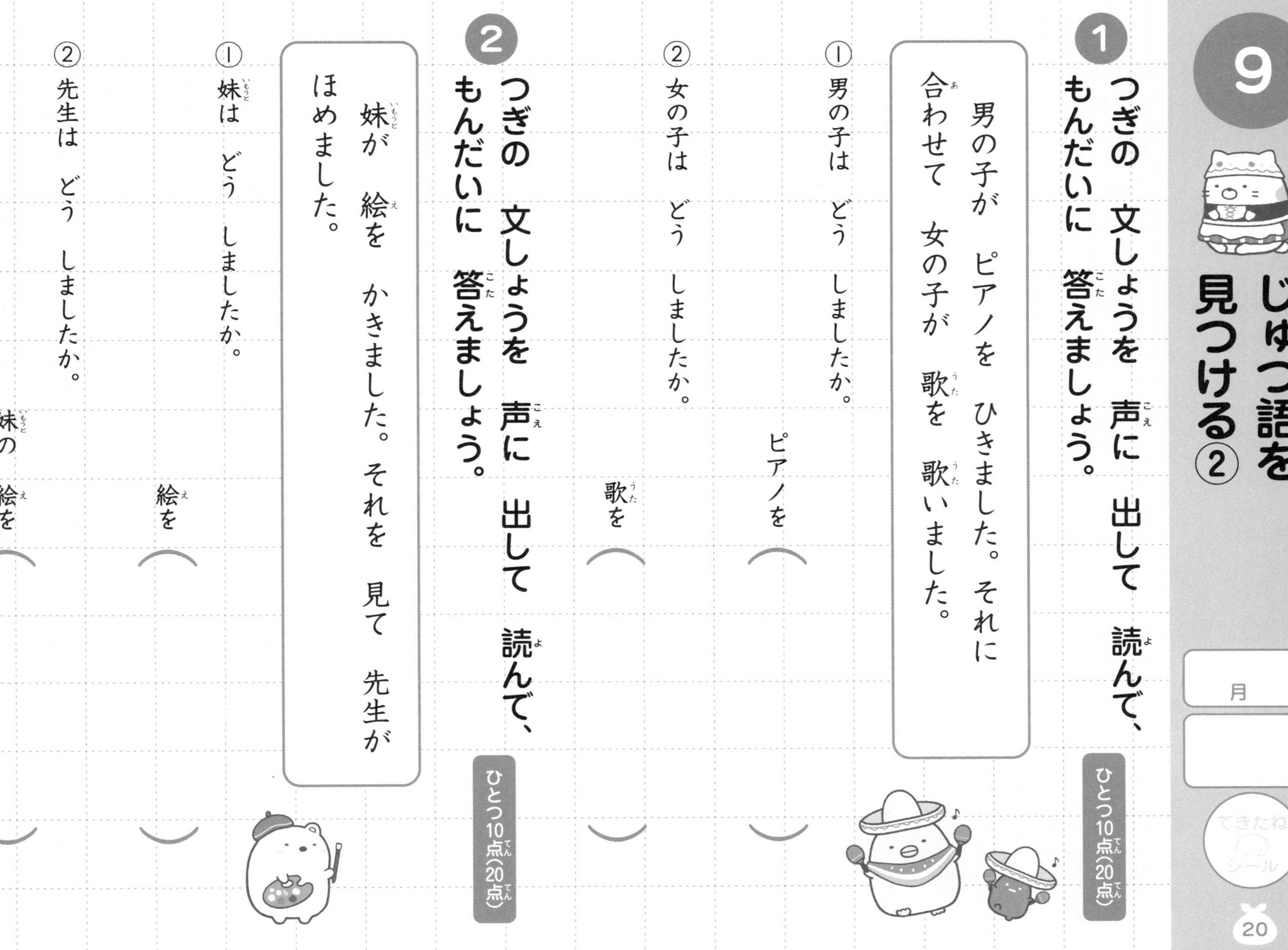

1 つぎの 文しょうを 声に 出して 読んで、もんだいに 答えましょう。 ひとつ10点(20点)

男の子が ピアノを ひきました。それに合わせて 女の子が 歌を 歌いました。

① 男の子は どう しましたか。

ピアノを（　　　）

② 女の子は どう しましたか。

歌を（　　　）

2 つぎの 文しょうを 声に 出して 読んで、もんだいに 答えましょう。 ひとつ10点(20点)

妹が 絵を かきました。それを 見て 先生が ほめました。

① 妹は どう しましたか。

絵を（　　　）

② 先生は どう しましたか。

妹の 絵を（　　　）

3 つぎの　文しょうを　声に　出して　読んで、もんだいに　答えましょう。

ひとつ12点（60点）

わたしたちは　一年生の　ときに　学校で　朝顔を　そだてました。
さいしょに　たねを　まきました。それから　夏休みに　家に　もって帰りました。家では　毎日　水やりを　して　朝顔の　せい長を　かんさつしました。
花を　さかせた　あとは、たねを　とり出しました。

① 「わたしたち」は　一年生の　ときに　学校で　朝顔を　どう　しましたか。

朝顔を（　　　　　　）

② 朝顔を　そだてる　とき、さいしょに　何を　しましたか。

たねを（　　　　　　）

③ 夏休み中は　朝顔を　どう　しましたか。

毎日（　　　　　　）を　して　朝顔の　せい長を（　　　　　　）した

④ 花を　さかせた　あとは　どう　しましたか。

たねを（　　　　　　）

10 ようすを　あらわす　ことば①

月　日

点

できたね シール

1 絵に　合う　ようすを　あらわす　ことばを（　）から　えらんで、○を　つけましょう。

ひとつ8点（24点）

① ぞうの　鼻は（長い／みじかい）。

② わたしの　ランドセルは（赤い／黒い）。

③ 兄　ぼく

兄は　ぼくよりも　せが（ひくい／高い）。

2 つぎの　文を　声に　出して　読んで、ようすを　あらわす　ことばを（　）に　書きましょう。

ひとつ8点（24点）

① きれいな　花が　さいている。（　　）

② 新しい　ふくを　かってもらう。（　　）

③ 星が　きらきら　かがやく。（　　）

3 つぎの　文を　声に　出して　読んで、　――のことばと　はんたいの　いみの　ことばを（　）から　えらんで、○を　つけましょう。

ひとつ8点（16点）

① 細い　ペンで　字を　書く。
→（大きい・太い）木が　生えて　いる。

② 家ぞくで　遠い　町まで　出かける。
→わたしたちの　家は　えきから　（近い・少ない）。

4 つぎの　文しょうを　声に　出して　読んで、もんだいに　答えましょう。

ひとつ12点（36点）

強い　風が　ふいて　白い　わた毛が　とんだ。
たんぽぽの　たねが　遠くまで　とどいた。

① どんな　風が　ふきましたか。

（　　　　）風

② どんな　わた毛が　とびましたか。

（　　　　）わた毛

③ たんぽぽの　たねは　どこまで　とどきましたか。

（　　　　）まで　とどいた

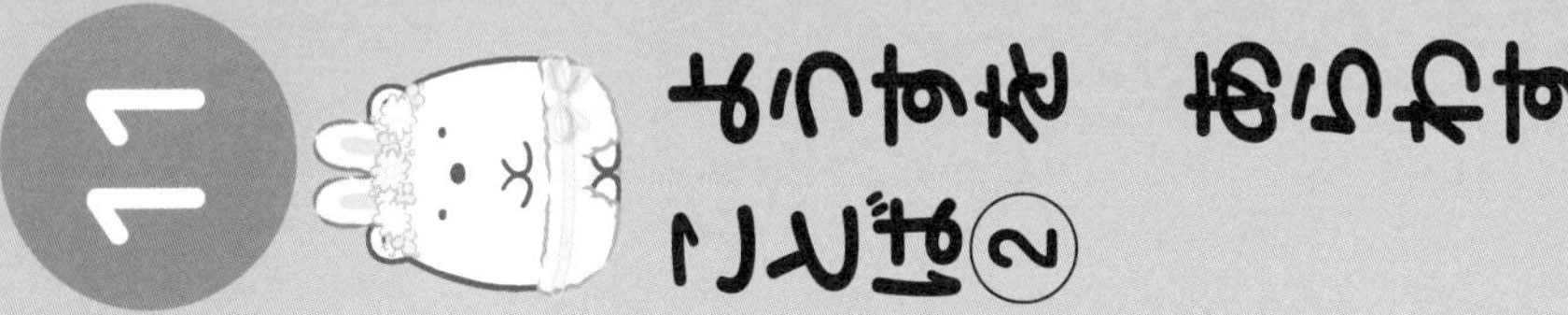

11 ようすを あらわす ことば②

1 つぎの 文しょうを 声に 出して 読んで、もんだいに 答えましょう。

ひとつ11点(22点)

　どうぶつ園で、めずらしい 生きものを 見ました。わたしは くわしい ことを しらべる つもりです。

① どうぶつ園で どんな 生きものを 見ましたか。

（　　　　　　）生きもの

② わたしは どんな ことを しらべる つもりですか。

（　　　　　　）こと

2 つぎの 文しょうを 声に 出して 読んで、もんだいに 答えましょう。

ひとつ11点(33点)

　わたしは 高い ところと せまい ところが にが手です。でも 弟は 高い ところが 大すきです。

① わたしが にが手なのは どんな ところですか。二つ 書きましょう。

（　　　　　　）ところと（　　　　　　）ところ

② 弟が すきなのは どんな ところですか。

（　　　　　　）ところ

3 つぎの　文しょうを　声に　出して　読んで、（　　）に　入る　ことばを　□から　えらんで　書きましょう。

ひとつ15点(45点)

時計には　みじかい　はりと　長い　はりが　あります。みじかい　はりは　「何時」を　しめし、長い　はりは　「何分」を　しめして　います。

長い　はりの　ほうが　みじかい　はりより　はやく　すすみます。

① 時計で　「何分」を　しめすのは　どんな　はりですか。

（　　　　）はり

② 時計で　「何時」を　しめすのは　どんな　はりですか。

（　　　　）はり

③ 長い　はりが　すすむ　はやさは　みじかい　はりが　すすむ　はやさと　くらべて　どんな　ようすですか。

（　　　　）

はやい
おそい
長い
みじかい

12 気もちを　あらわす　ことば①

月　日　点

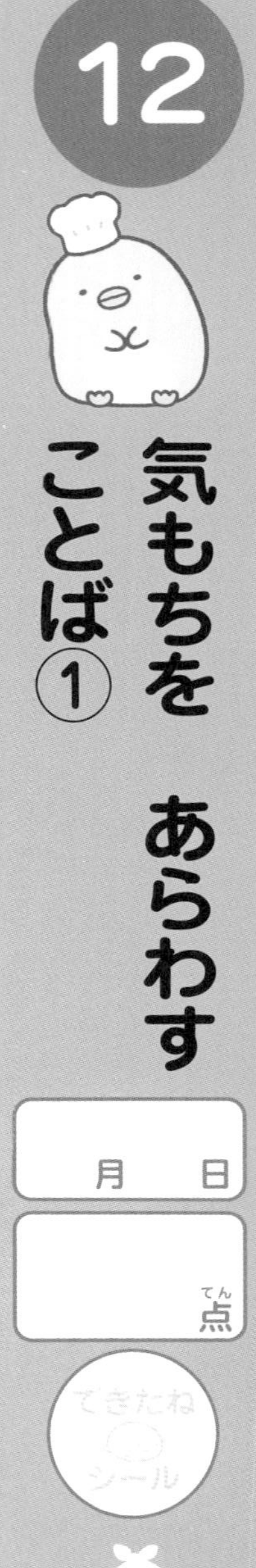

1 つぎの　文を　声に　出して　読んで、気もちを　あらわして　いる　ことばに　――を　引きましょう。

ひとつ5点（15点）

① 先生に　ほめられて　うれしい。

② 友だちと　けんかを　して　かなしい。

③ かけっこで　まけて　しまい　くやしい。

2 つぎの　文を　声に　出して　読んで、気もちを　あらわして　いる　ことばを（　）に　書きましょう。

ひとつ10点（40点）

① 遠足の　ことを　かんがえて　うきうきする。（　）

② かした　本を　かえして　もらえず　こまる。（　）

③ 弟が　ねつを　出したので　しんぱいになる。（　）

④ 友だちが　帰って　しまって　つまらない。（　）

③ つぎの　文しょうを　声に　出して　読んで、①～③に　入る　ことばを　□から　えらんで　書きましょう。

ひとつ15点（45点）

　となりの　クラスと　サッカーの　し合を　しました。

わたしたちの　クラスには　サッカーが　上手な

人が　いるので　（　①　）です。

　しかし、あい手も　じょうずで　（　②　）ことが　多く、

さいごには　まけて　しまいました。

とても　（　③　）です。

うらやましい
あん心
おちこむ
はらはらする
くやしい

①（　　　　）

②（　　　　）

③（　　　　）

13 気もちを あらわす ことば②

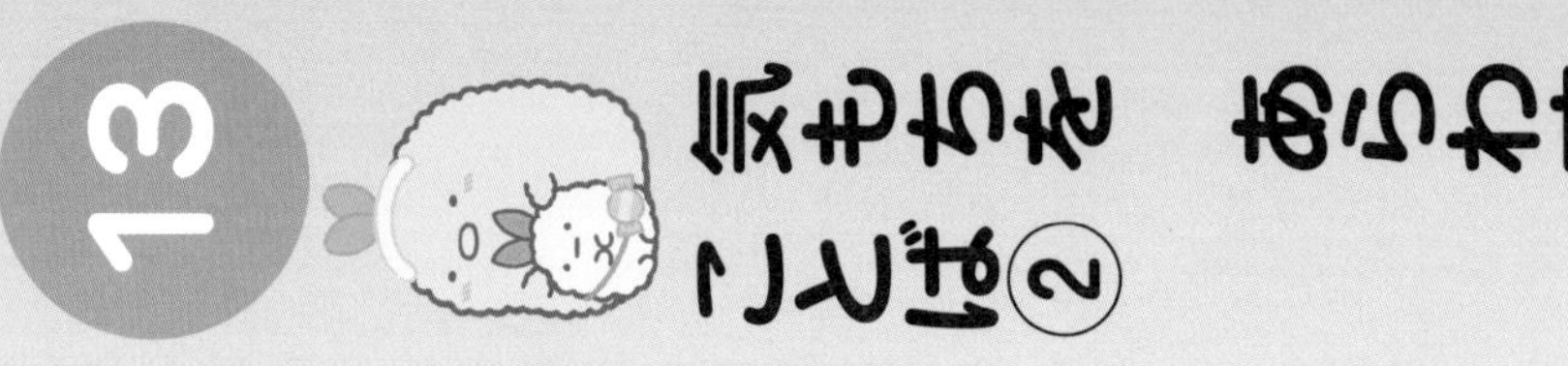

1 つぎの 文を 声に 出して 読んで、読みとれる 気もちに ◯を 一つ つけましょう。 25点

何も じゅんびを して いなかったのに、きゅうに テストが 行われる。

① (　　) しあわせな 気もち。

② (　　) あわてる 気もち。

③ (　　) うらやましい 気もち。

2 つぎの 文しょうを 声に 出して 読んで、読みとれる 気もちに ◯を 一つ つけましょう。 25点

あしたは うんどう会です。わたしは スポーツが すきなので、はやく あしたに なって ほしいです。

① (　　) クラスの みんなが うんどう会を 楽しみに して いる。

② (　　) わたしは うんどう会を 楽しみに して いる。

③ (　　) わたしは うんどう会が きらいだ。

③ つぎの 文しょうを 声に 出して 読んで、もんだいに 答えましょう。

ひとつ25点（50点）

わたしは 今日、姉と 二人で るす番を しました。
わたしは おばけの ことを 考えると ①体が
ふるえるのですが 姉は（ ② ）だと 言って いました。

①「体が ふるえる」と ありますが、ここから わたしの どんな 気もちが わかりますか。○を一つ つけましょう。

㋐（　）かぜを ひいて ねつが ある。

㋑（　）とても さむい。

㋒（　）おばけが こわい。

②（ ② ）に 入る ことばを つぎの □から えらんで 書きましょう。

へいき
うらやましい
くやしい

（　　　　）

つなぎの ことば①

1 つぎの 文しょうを 声に 出して 読んで、（　　）に 入る ことばを □ から えらんで 書きましょう。

ひとつ16点(48点)

① しろくまは さむがりな すみっコです。（　　　　）
北から にげて きました。

② もぐらは 地下で くらして いた すみっコです。
（　　　　）今は 地上に います。

③ おばけは できるだけ 口を とじて います。（　　　　）
口を ひらくと こわがられてしまうからです。

しかし
また
だから
ところで
なぜなら

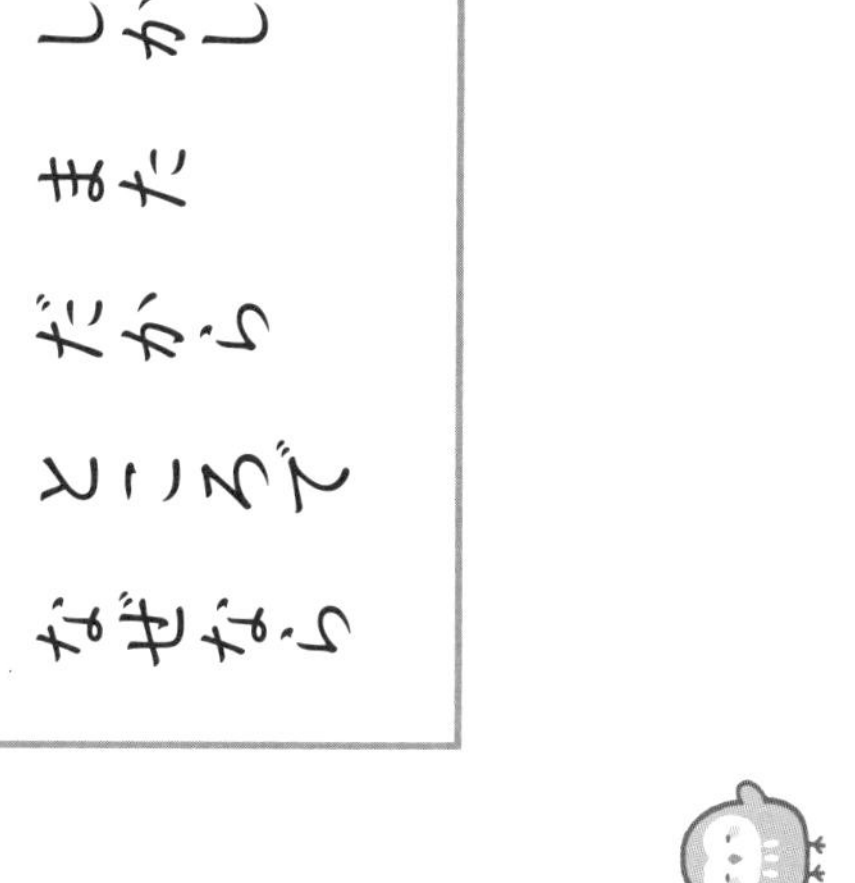

2 つぎの 文しょうを 声に 出して 読み、――の ことばに ちゅういして、（ ）に 入る ことばに ○を つけましょう。

ひとつ13点（52点）

① きのうは 夜ふかしを した。だから 今日は（ ねむい ／ ねむくない ）。

② ゆうたくんの すきな 食べものは 知らない。しかし ゆうたくんの すきな スポーツは（ 知っている ／ 知らない ）。

③ わたしは 学校に かさを もってきた。なぜなら 天気よほうでは 今日の 天気は（ 晴れだった ／ 雨だった ）からだ。

④ うんどう会は 白組が かちそうだった。ところが さい後には 赤組が（ かった ／ まけた ）。

15 つなぎの　ことば②

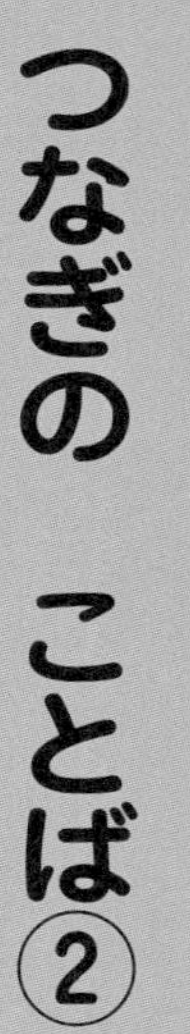

月　日　点　できたね シール

1 つぎの　文しょうを　声に　出して　読んで、（　　）に　入る　ことばに　○を　つけましょう。　ひとつ10点(40点)

①

天気よほうでは　今日は　雨でした。（しかし／また）よほうが　はずれて　晴れたので　うんどう会は（中止になりました／行われました）。

②

川で　うまれた　さけの　子どもは　いったん　海へ　行きます。（なぜなら／やがて）大きく　なると　川に　もどってきます。（そして／でも）川で　たまごを　うみます。

2 つぎの　文しょうを　声に　出して　読んで、①～③に　入る　ことばを　□から　えらんで　書きましょう。

ひとつ20点(60点)

わたしには　ほしい　本が　二さつ　あります。だから　おこづかいを　ためて　います。（　①　）まだ、お金が　たりないので　買えません。
（　②　）、まず　一さつだけ　買う　ことに　しました。（　③　）、もっと　お金が　たまったら、二さつ目も　買うつもりです。

そこで
または
そして
でも
および

①（　　　　）

②（　　　　）

③（　　　　）

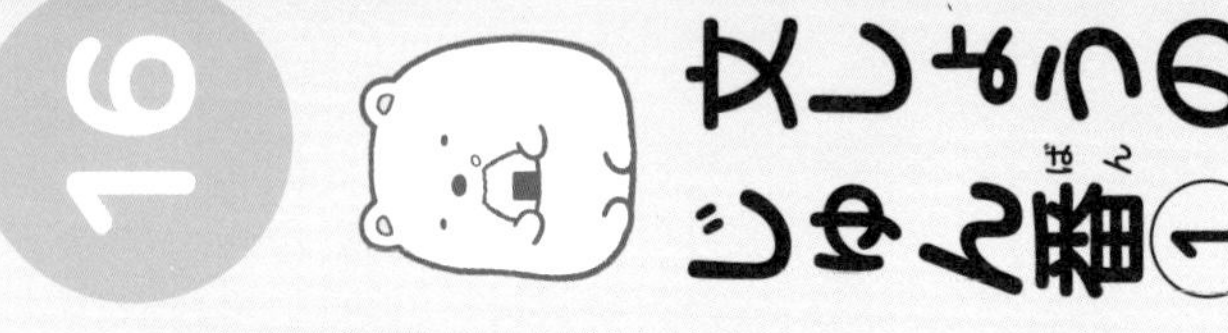

16 文しょうの じゅん番①

月　日　点

1 つぎの 文しょうを 声に 出して 読んで、絵が 文しょうの ながれと 合う じゅん番に なるように □に 1～3の 数字を 書きましょう。

ひとつ20点(60点)

おべんとうの 人気ものの おかず たこウインナーに あこがれる えびふらいのしっぽ。

きような しろくまに おねがいして おべんとうを つくって もらう ことに。

つくった おべんとうを みんなで おにわの すみっこで たべる ことに しました。

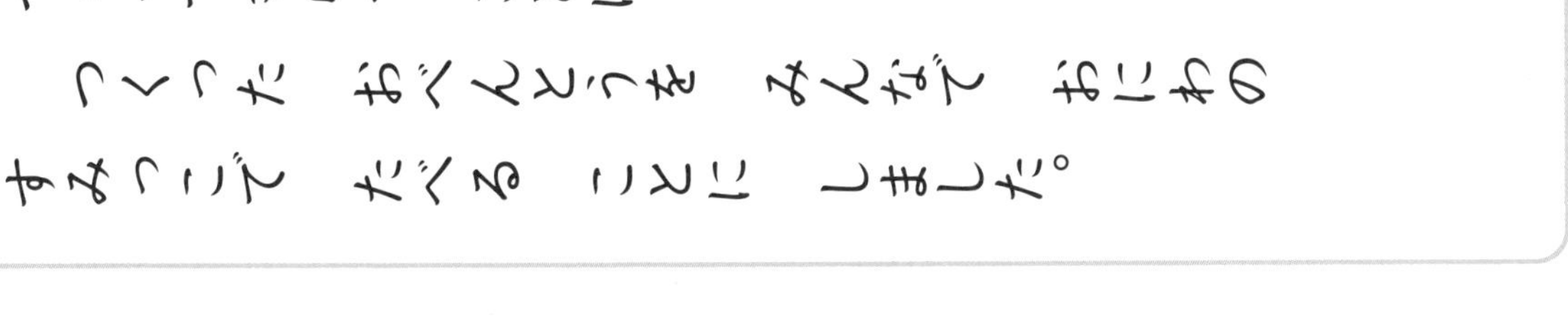

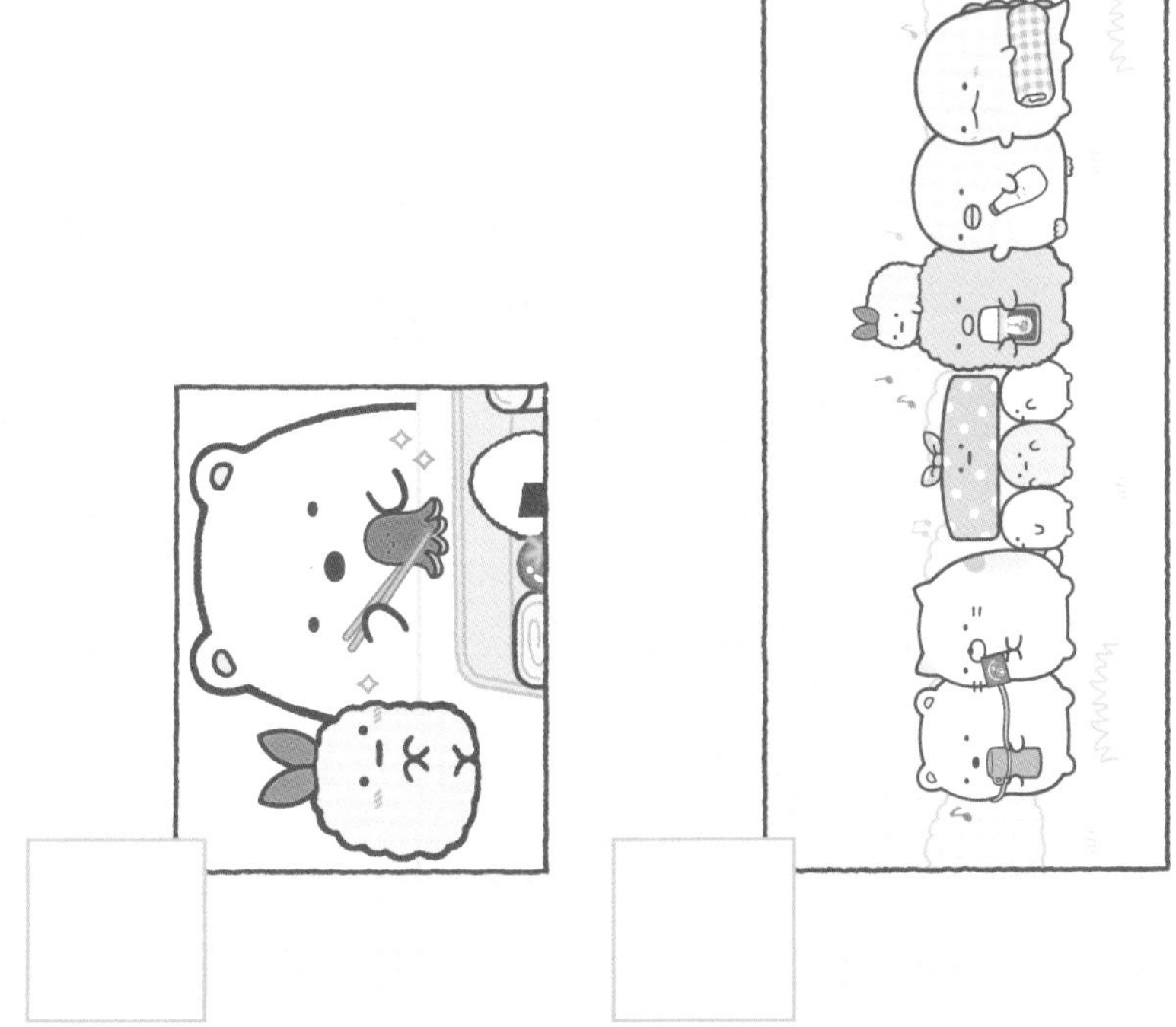

2 つぎの　文しょうが　正しい　じゅん番に　なるように、□に　1〜3の　数字を　書きましょう。書きおわったら、正しい　じゅん番の　とおりに　文しょうを　声に　出して　読みましょう。

ぜんぶで40点

1…やがて　もぐらは　ほかの　すみっコたちの　まねを　するように　なりました。

2…もぐらは　はじめて　見る　地上の　すみっコたちに　きょうみしんしんです。

3…もぐらは　地下の　すみっこで　くらして　いました。上が　さわがしくて　気になったので、はじめて　地上に　出ました。

□ → □ → □

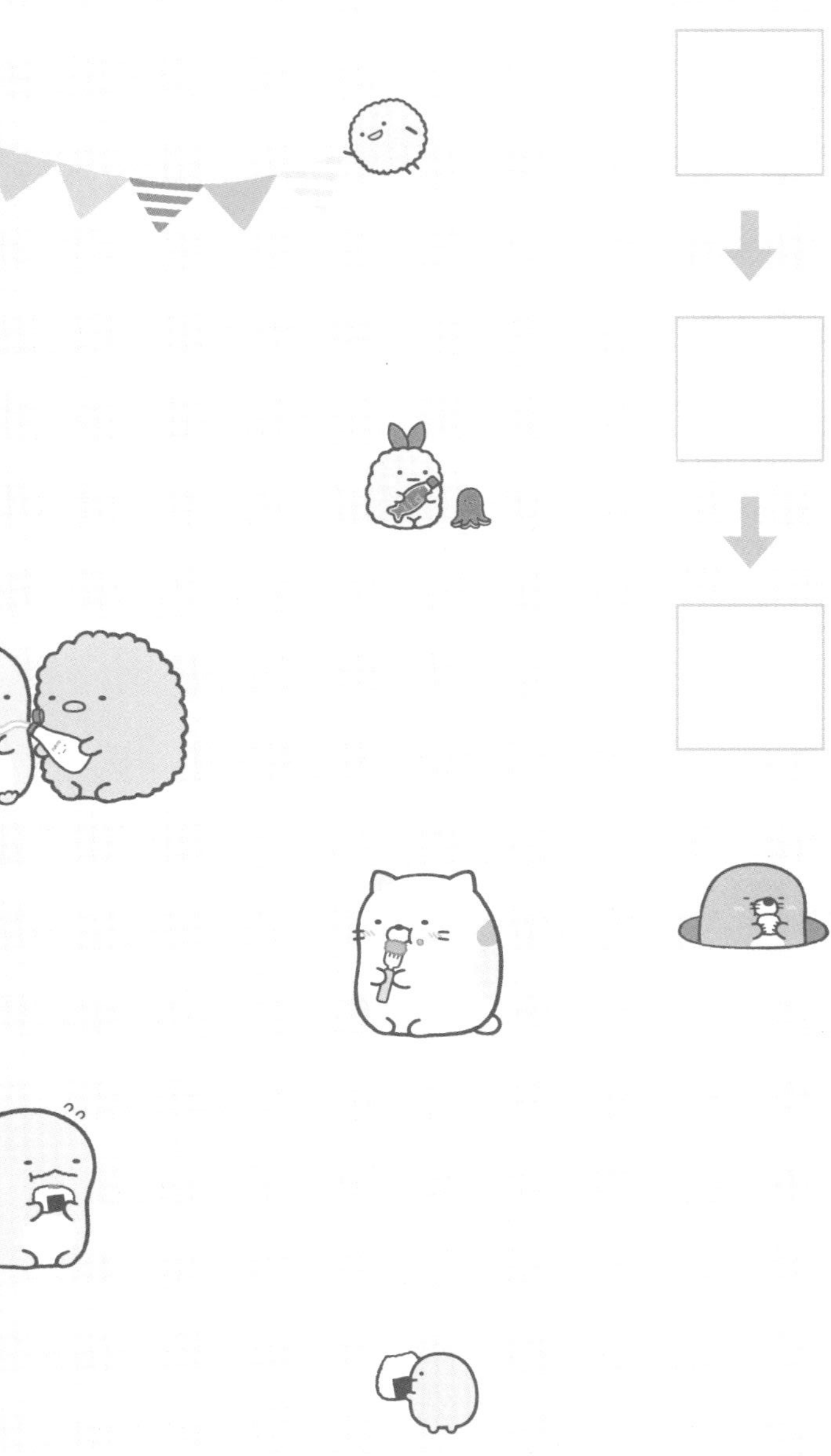

17 文しょうの じゅん番②

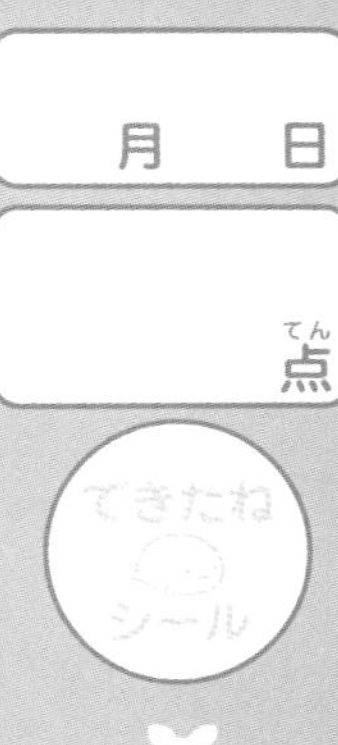

月　日

点

1 つぎの 文しょうが 正しい じゅん番に なるように、□に 1〜3の 数字を 書きましょう。書きおわったら、正しい じゅん番の とおりに 文しょうを 声に 出して 読みましょう。

ぜんぶで20点（40点）

①

1…つぎに、ジュースを コップに つぎました。
2…わたしは れいぞうこを あけて ジュースを とり出しました。
3…さいごに、ジュースを れいぞうこに もどしてから、ジュースを のみました。

②

1…買ってきた 花を 花びんに 生けました。
2…新しい 花を 買う ことに しました。
3…花やさんで 花を えらんで 買いました。

2 つぎの　文しょうが　正しい　じゅん番に　なるように、□に　1〜5の　数字を　書きましょう。書きおわったら、正しい　じゅん番の　とおりに　文しょうを　声に　出して　読みましょう。

ぜんぶで20点(40点)

1…バスは　すいて　いたので、姉と　ならんで　すわりました。

2…目てきの　バスていに　ついたので、姉と　いっしょに　バスを　おりました。

3…つぎの　バスていで、ぐうぜん　姉の　友だちが　のって　きました。

4…姉と　バスで　親せきの　ところへ　行く　ことに　しました。

5…姉は　その　友だちと　話を　して　いました。

18 ちゅういして 読みとろう①

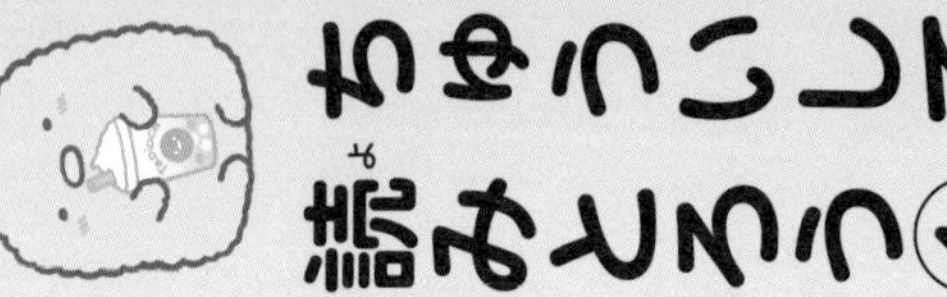

1 ひろとさん、はるかさん、あおいさん、まどかさんの 四人で かけっこを して います。つぎの 四つの 文を 声に 出して 読んで、もんだいに 答えましょう。

ひとつ20点(40点)

・ひろとさんからは はるかさんの せ中が 見えて いる。
・あおいさんの 前には だれも いない。
・まどかさんが ひろとさんを おいぬいた。
・はるかさんは あおいさんの すぐ 後ろに いる。

① いちばん 後ろを 走って いるのは だれですか。

（　　　　）

② まどかさんと はるかさんは どちらが 前を 走って いますか。

（　　　　）

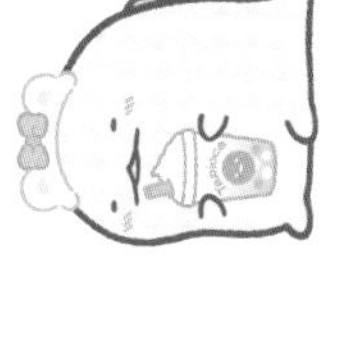

2 つぎの　文しょうを　声に　出して　読んで、もんだいに　答えましょう。

ひとつ10点(60点)

すずめと　ほこりと　ざっそうと　にせつむりが体じゅうを　くらべました。
にせつむりは　カラの　中が　空っぽなので、すずめより　かるいです。
ざっそうは　ペラペラなので　スカスカの　ほこりよりはおもいですが、にせつむりよりは　かるいです。

① すずめと　ざっそうは　どちらのほうが　体じゅうが　おもいですか。

（　　　　）

② ほこりと　にせつむりは　どちらのほうが　体じゅうが　かるいですか。

（　　　　）

③ 体じゅうが　かるいじゅんに　ならべると　どう　なりますか。

（　　　　）→（　　　　）→（　　　　）→（　　　　）

19 ちゅういして 読みとろう②

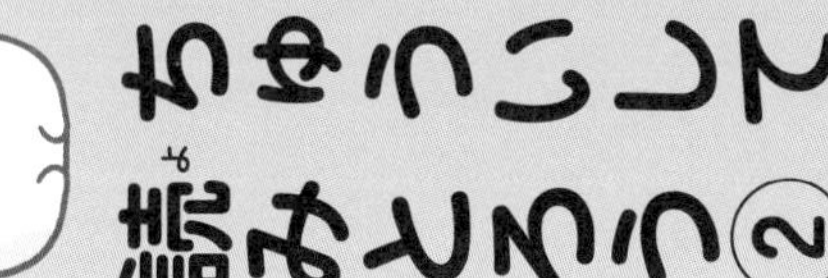

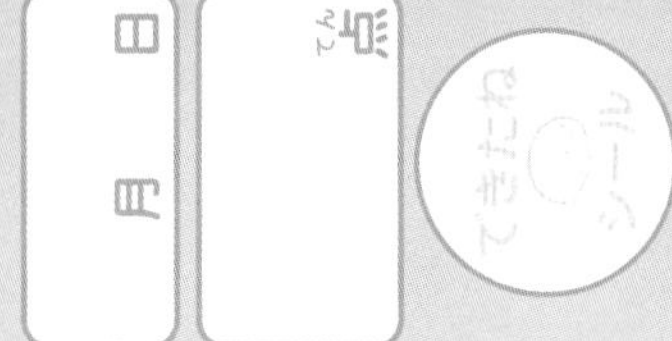

1 つぎの 文を 声に 出して 読んで、（　）に 入る ことばに ◯を つけましょう。

ひとつ20点(40点)

①

- 日直は 少し 早く とう校する ことに なって いる。
- みどりさんは、今日 日直だ。

だから、みどりさんは 今日 少し （ 早く ・ おそく ） とう校する。

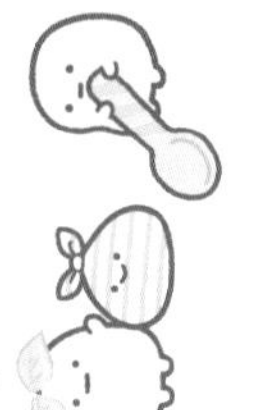

②

- 赤組と 白組に 分かれて うんどう会が 行われた。
- はるかさんは うんどう会で 白組だった。
- うんどう会では 赤組が まけた。

つまり、はるかさんの 組は うんどう会で （ かった ・ まけた ）。

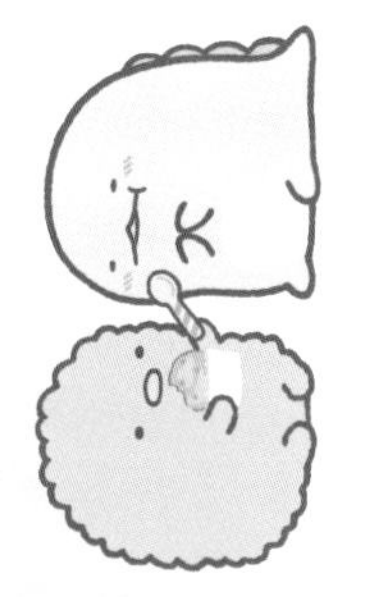

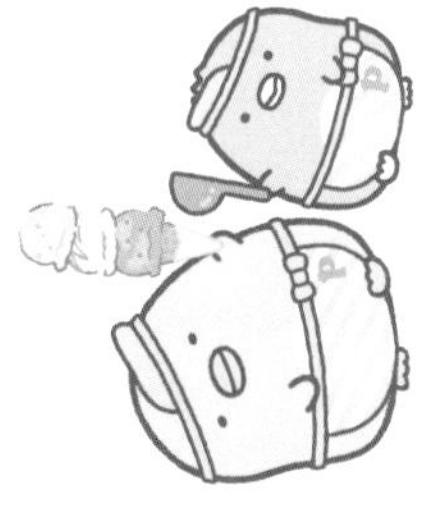

❷ つぎの 文しょうを 声に 出して 読んで、もんだいに 答えましょう。

ひとつ20点(60点)

すみれの 花は いろいろな ところに さいて います。すみれは たねを 近くにしか おとせないのに、どうやって 遠くに なかまを ふやしたのでしょうか。

すみれの たねには ありを ひきつける ものが ふくまれて います。地めんに おちた たねを ありは 自分の すに はこびます。

ありが すに はこんだ たねから めが 出て、すみれは いろいろな ところで 花を さかせて いるのです。

① すみれは どうやって たねを 遠くへ はこんで いるのですか。

（　　　　　）に はこんで もらって いる。

② ありは どうして すみれの たねを はこぶのですか。

すみれの たねに ありを（　　　　　）ものが ふくまれて いるから。

③ すみれの 花は なぜ いろいろな ところに さいて いるのですか。

ありが すみれの たねを（　　　　　）に はこび、そこで めが 出て 花を さかせるから。

20 読みとりもんだい①（もの語）

「ふきのとう」

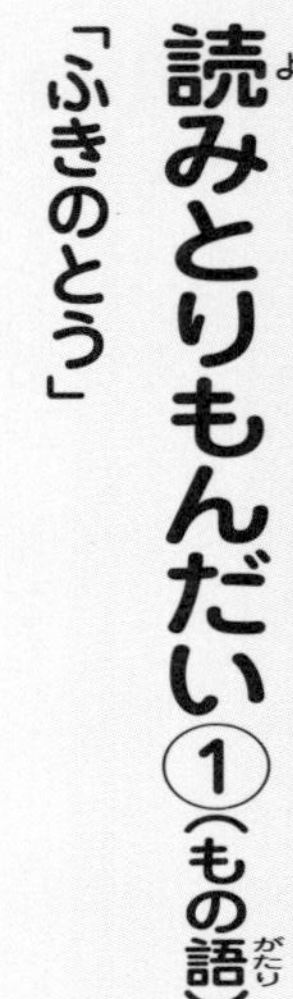

月　日

点

声に出して読めて50点

つぎの 文しょうを 声に 出して 読んで、もんだいに 答えましょう。

よが あけました。
あさの ひかりを あびて、竹やぶの 竹の はっぱが、
「さむかったね。」
「うん、さむかったね。」
と ささやいて います。
雪が まだ すこし のこって、
あたりは しんと して います。

どこかで、小さな こえが しました。
「よいしょ、よいしょ。おもたいな。」
竹やぶの そばの ふきのとうです。
雪の 下に あたまを 出して、
雪を どけようと、ふんばって いる ところです。
「よいしょ、よいしょ。そとが 見たいな。」

「ごめんね。」

と、雪が 言いました。

「わたしも、早く とけて 水に なり、とおくへ
行って あそびたいけど。」

と、上を 見上げます。

「竹やぶの かげに なって、お日さまが あたらない。」

と ざんねんそうです。

令和4年度版 光村図書 こくご 二上 たんぽぽ
13〜23ページ「ふきのとう」

1 この　文しょうは、どの　きせつに　なるのを　まつ　お話ですか。

ひとつ5点(10点)

この　文しょうは（　　）に　なるのを　まつ　お話です。

りゆうは（　　）が　まだ　すこし　のこって　いるからです。

2 「よいしょ、よいしょ。おもたいな」について、つぎの　①②の　もんだいに　答えましょう。

ひとつ10点(20点)

① これを　言って　いるのは　だれですか。（　　）

② おもたいのは　何ですか。（　　）

3 「ざんねんそうです」について、つぎの　①②の　もんだいに　答えましょう。

ひとつ10点(20点)

① ざんねんそうに　して　いるのは　何ですか。（　　）

② ざんねんなのは　なぜですか。○を一つ　つけましょう。

㋐（　）お日さまが　あたらないと　さむいから。

㋑（　）お日さまが　あたらないと　とけて　とおくへ　行けないから。

㋒（　）竹やぶと　いっしょに　あそべないから。

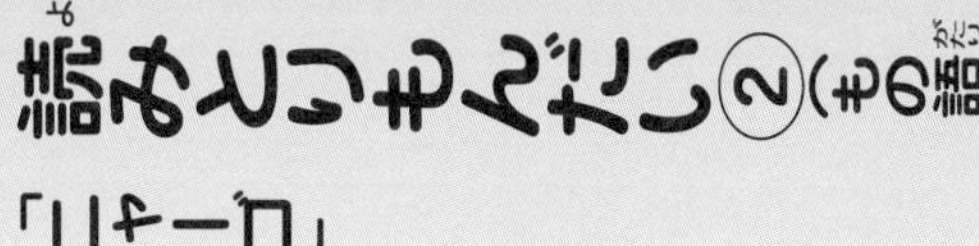

読みとりもんだい②（ものがたり）
「ニャーゴ」

つぎの　文しょうを　声に　出して　読んで、もんだいに　答えましょう。

声に出して読めて50点

「いいですか、これが　ねこです。この　顔を　見たら、すぐに
にげなさい。つかまったら　さい後、あっという間に
食べられて　しまいますよ。」

　子ねずみたちは、先生の　話を　一生けんめい　聞いて
います。

　でも、あれえ。先生の　話を　ちっとも　聞かずに、
おしゃべりして　いる　子ねずみが　三びき　いますよ。

　しばらくして、三びきが　気が　つくと、みんな
いなく　なって　いました。

「あれれ、だれも　いないよ。」

「それじゃあ、ぼくたちは　ももを　とりに　行こうか。」

「うん、行こう　行こう。」

　子ねずみたちが　歩きだした　その　ときです。

「ニャーゴ」

　三びきの　前に、ひげを　ぴんと　させた　大きな　ねこが、
手を　ふり上げて　立って　いました。

　三びきは、かたまって　ひそひそ声で　話しはじめました。

「びっくりしたね。」

「この　おじさん　だれだあ。」

「きゅうに　出て　きて、ニャーゴ　だって。」

「おじさん、だあれ。」

　ねこは　どきっと　しました。

令和4年度版　東京書籍　新しい　国語　二上
125〜133ページ「ニャーゴ」

1 「三びきが　気が　つくと、みんな　いなく　なって　いました」と　ありますが　みんな　にげて　しまったのに　三びきの　子ねずみだけが　のこったのは　なぜですか。

15点

三びきの　子ねずみは　ねこについての　先生の　話を　聞かないで

（　　　　）を　して　いたから。

2 「ニャーゴ」と　ありますが　これを　言ったのは　だれですか。□から　えらんで　書きましょう。

15点

先生
ねこ
子ねずみ

（　　　　）

3 ねこが　いたのに　三びきが　にげなかったのは　なぜですか。○を一つ　つけましょう。

20点

①（　）三びきが　ねこと　たたかう　つもりだから。

②（　）三びきは　ねこが　こわくないと　知って　いるから。

③（　）三びきは　ねこが　こわい　ことを　知らなかったから。

22 読みとりもんだい③（もの語）

「かさこじぞう」

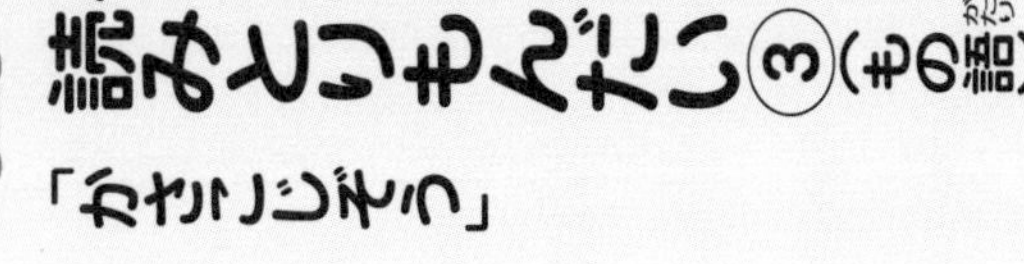

月　日

点

つぎの　文しょうを　声に　出して　読んで、もんだいに　答えましょう。

声に出して読めて50点

（町へ　かさを　売りに　行った　帰りに、じいさまは　冷たい　雪に　うもれかけた　六人の　じぞうさまを　見つけました）

「おお、お気のどくにな。さぞ　つめたかろうのう。」

じいさまは、じぞうさまの　※おつむの　雪を　かきおとしました。

「こっちの　じぞうさまは、※ほおべたに　しみを　こさえて。それから、この　じぞうさまは　どうじゃ。はなから　つららを　下げて　ござらっしゃる。」

じいさまは、ぬれて　つめたい　じぞうさまの　かたやら　※せなやらを　なでました。

「そうじゃ。この　かさこを　かぶって　くだされ。」

じいさまは、売りものの　かさを　じぞうさまに　かぶせると、風で　とばぬよう、しっかり　あごの　ところで　むすんで　あげました。

ところが、じぞうさまの　数は　六人、かさこは　五つ。どうしても　足りません。

「おらので　わりいが、こらえて　くだされ。」

じいさまは、自分の　つぎはぎの　手ぬぐいを　とると、いちばん　しまいの　じぞうさまに　かぶせました。

「これで　ええ、これで　ええ。」

そこで、やっと　安心して、うちに　帰りました。

※「おつむ」は　頭の　こと。
※「ほおべた」は　ほほの　こと。
※「せな」は　せなかの　こと。

令和４年度版　東京書籍　新しい　国語　二下　79〜90ページ「かさこじぞう」

1 じいさまは　じぞうさまを　見て　どう　思いましたか。
それが　わかる　ことばを　文中から
書き出しましょう。

ひとつ10点(20点)

□□□□□にな。

さぞ□□□□□□のう。

2 「おらの」について、つぎの　①②の
もんだいに　答えましょう。

ひとつ10点(20点)

① 「おらの」とは　何ですか。

じいさまの　つぎはぎの（　　　　）

② じいさまは　「おらの」を　どう　しましたか。

いちばん　しまいの　じぞうさまに（　　　　）。

3 「安心して」と　ありますが、安心したのは　なぜですか。
○を　一つ　つけましょう。

10点

①（　）すべての　じぞうさまに　かさか　手ぬぐいを　かぶせる　ことが
できたから。

②（　）じぞうさまを　あたたかい　ところに　うごかす　ことが
できたから。

③（　）じいさまの　かさが　ぜんぶ　売れたから。

23 読みとりもんだい④（せつ明文）

「たんぽぽの　ちえ」

月　日

点

できたね　シール

つぎの　文しょうを　声に　出して　読んで、もんだいに　答えましょう。

声に出して読めて50点

やがて、花は　すっかり　かれて、その
あとに、白い　わた毛が　できて　きます。
この　わた毛の　一つ一つは、ひろがると、
ちょうど　らっかさん※のように　なります。
たんぽぽは、この　わた毛に　ついて　いる
たねを、ふわふわと　とばすのです。
この　ころに　なると、それまで　たおれて
いた　花の　じくが、また　おき上がります。
そうして　せのびを　するように、ぐんぐん
のびて　いきます。

なぜ、こんな　ことを　するのでしょう。
それは、せいを　高く　する　ほうが、わた毛に
風が　よく　あたって、たねを　とおくまで
とばす　ことが　できるからです。
よく　晴れて、風の　ある　日には、わた毛の
らっかさんは、いっぱいに　ひらいて、
とおくまで　とんで　いきます。

※「らっかさん」は　高い　ところから　ものや　人を　あんぜんに　おとす
ための　道ぐ。かさのように　広がって、おちる　そくどを　おそく　する。

令和4年度版　光村図書　こくご　たんぽぽ　二上
41～47ページ「たんぽぽの　ちえ」

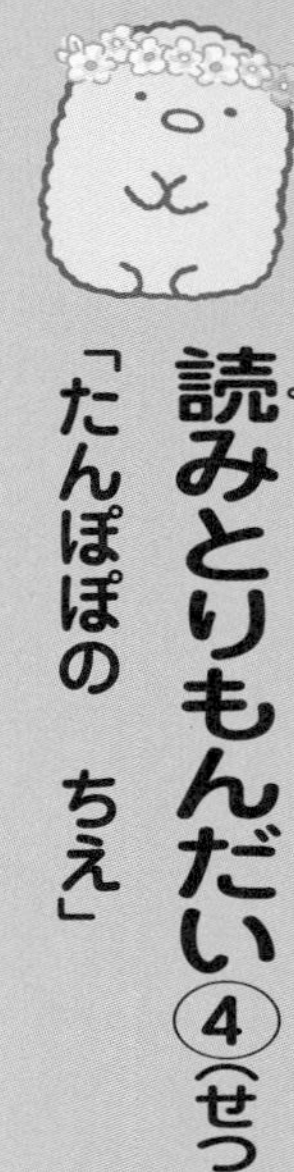

1 たんぽぽの　花が　かれた　あとには、何が　できますか。（10点）

白い（　　　　）

2 「こんな　こと」について、つぎの　①②の　もんだいに　答えましょう。（ひとつ20点（40点））

①「こんな　こと」とは、何の　ことですか。
○を一つ　つけましょう。

㋐（　）わた毛に　ついて　いる　たねを　とばす　こと。

㋑（　）花が　すっかり　かれて、わた毛が　できる　こと。

㋒（　）花の　じくが　おき上がり、ぐんぐん　のびる　こと。

②「こんな　こと」を　するのは　なぜですか。

せいを（　　　　）する　ほうが、
たねを（　　　　）まで　とばす　ことが
できるから。

24 読みとりもんだい⑤（せつ明文）

「どうぶつ園のじゅうい」

つぎの　文しょうを　声に　出して　読んで、もんだいに　答えましょう。

声に出して読めて50点

月　日

点

できたね シール

わたしは、どうぶつ園ではたらいているじゅういです。わたしのしごとは、どうぶつたちが　元気にくらせるように　することです。どうぶつが　びょうきやけがをしたときには、ちりょうをします。ある日の　わたしのしごとのことを　書いてみましょう。

朝、わたしのしごとは、どうぶつ園の中を　見回ることからはじまります。なぜかというと、元気なときの　どうぶつのようすを見ておくと、びょうきになったとき、すぐに気づくことが　できるからです。また、ふだんから　わたしの顔を見せて、なれてもらうという　大切なりゆうも　あります。どうぶつたちは、よく知らない　人には、いたいところや　つらいところをかくします。そこで、わたしの顔を　おぼえてもらって、あんしんして　見せてくれるようにするのです。毎日、「おはよう。」と言いながら　家の中へ入り、こえもおぼえてもらうように　しています。

令和4年度版　光村図書　こくご　たんぽぽ　二上
115～123ページ「どうぶつ園のじゅうい」

1 この 文しょうは 何について 書かれて いますか。

ひとつ10点(20点)

(　　　　)の(　　　　)のしごとについて。

2 「朝、わたしのしごとは、どうぶつ園の中を 見回ることからはじまります」と ありますが 元気な どうぶつも 見て回るのは なぜですか。○を二つ つけましょう。

ひとつ10点(20点)

①(　)元気な ときの ようすを 見ておくと、びょうきに なった ときに すぐ 気づく ことが できるから。

②(　)ふだんから 自分の 顔を 見せておくと、どうぶつに おぼえて もらえるから。

③(　)どうぶつ園の きそくで、きめられているから。

3 「わたしの顔を見せて」と ありますが だれに 見せて いますか。□から えらんで 書きましょう。

10点

どうぶつ園のじゅうい
どうぶつたち
よく知らない人

(　　　　)

25 読みとりもんだい⑥（せつ明文）
「あなの　やくわり」

月　日

点

つぎの　文しょうを　声に　出して　読んで、もんだいに　答えましょう。

声に出して読めて50点

　五十円玉の　まん中には、あなが　あいて　います。これは、さわった　ときに　百円玉と　くべつする　ための　あなです。むかしの　五十円玉には　あなが　なく、百円玉と　同じくらいの　大きさだったので、まちがえる　人が　いたのです。そこで、五十円玉に　あなを　あけ、さわった　ときに　くべつできるように　したのです。

　うえ木ばちの　そこには、あなが　あいて　います。これは、いらない　水を　外に　出す　ための　あなです。たくさん　水を　やった　ときに、あなが　ないと、水が　下の　方に　たまって　しまいます。水が　長い　間　たまって　いると、ねが　くさる　ことが　あるのです。

令和5年度版　東京書籍　新しい　国語　二下
121〜127ページ「あなの　やくわり」

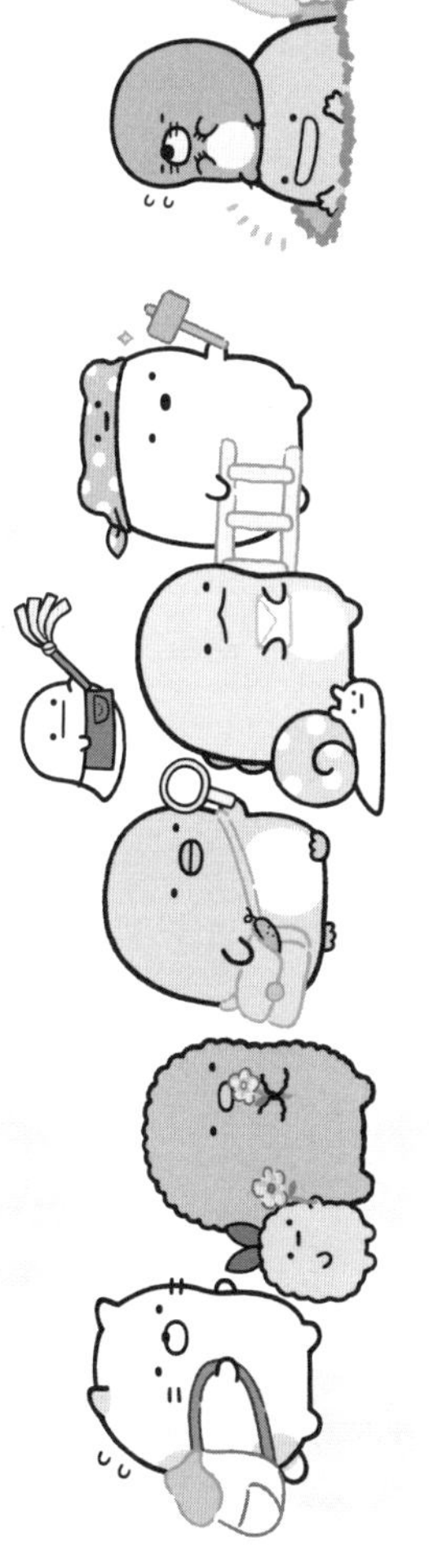

1 五十円玉の　あなと、うえ木ばちの　そこの　あなには
どんな　やくわりが　ありますか。
・――・で　むすびましょう。

ひとつ10点(20点)

五十円玉の　あな　・　　・水を　外に　出す。

うえ木ばちの　そこの　あな　・　　・ほかと　くべつする。

2 むかし、五十円玉と　百円玉を　まちがえる　人が
いたのは　なぜですか。
○を一つ　つけましょう。

10点

① (　　) 同じくらいの　大きさで　どちらにも　あなが　あいて　いたから。

② (　　) 同じくらいの　大きさで　どちらにも　あなが　なかった　から。

③ (　　) 同じくらいの　大きさで　百円玉には　あなが　あいて　いたから。

3 うえ木ばちの　そこに　あなが　あると、何を　ふせぐ
ことが　できますか。

20点

しょくぶつの　ねが (　　　　　　　　) ことを　ふせぐ。

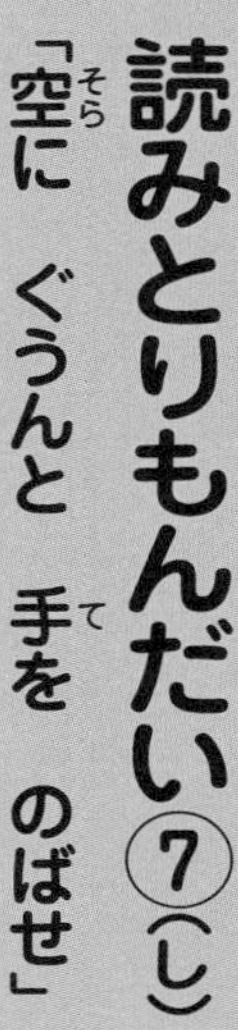

読みとりもんだい⑦（し）「空に　ぐうんと　手を　のばせ」

月　日

点

できたね　シール

つぎの　しを　声に　出して　読んで、もんだいに　答えましょう。

声に出して読めて50点

空に　ぐうんと　手を　のばせ

しんざわ　としひこ

空に　ぐうんと　手を　のばせ
わたぐも
すじぐも
かきわけて
でっかい　おひさま
つかまえろ

海に　ぐうんと　手を　のばせ
大波
小波
かきわけて
でっかい　くじらを
つかまえろ

横に　ぐうんと　手を　のばせ
だれかと　しっかり
手を　つなげ
ぐるっと
地球を
かかえちゃえ

令和4年度版　東京書籍　新しい　国語　二上
112〜113ページ「空に　ぐうんと　手を　のばせ」

1 空の　ほかに、どこに　「ぐうんと　手を　のばせ」と　ありますか。二つ　書きましょう。

ひとつ10点（20点）

（　　　　）に　ぐうんと　手を　のばせ

（　　　　）に　ぐうんと　手を　のばせ

2 「でっかい　おひさま　つかまえろ」と　ありますが、ほかにも　もう一つ　「でっかい」　ものを　つかまえろと　あります。それは　何ですか。

10点

でっかい（　　　　）を　つかまえろ

3 この　しは　どんな　ことを　して　ほしいと　いって　いますか。○を一つ　つけましょう。

20点

①（　）思いきり　手を　のばして、しっかりと　体を　きたえて　ほしい。

②（　）ふだんから　できそうもない　ことばかり　言うのは、やめて　ほしい。

③（　）いつも　大きな　ゆめや　きぼうを　もって、せかい中の　人たちと　なかよくして　ほしい。

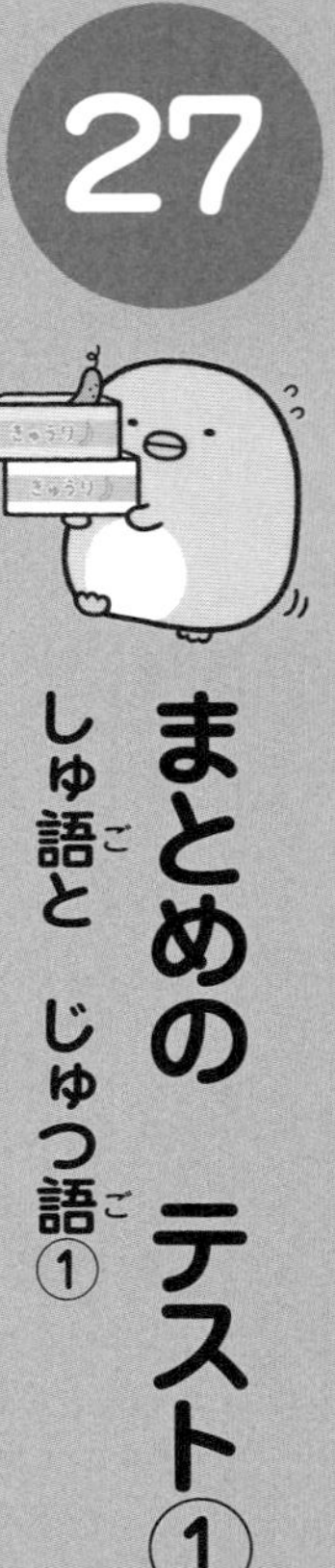

27 まとめの テスト①

しゅ語と じゅつ語①

月　日

点

1 つぎの 文を 声に 出して 読んで、——の じゅつ語に 合う しゅ語に 線を 引きましょう。

ひとつ4点(12点)

① わたしは 弟と いっしょに 公園へ 行く。

② 学校の きゅう食は とても おいしい。

③ 高い 山の ちょう上に 白い 雪が ふる。

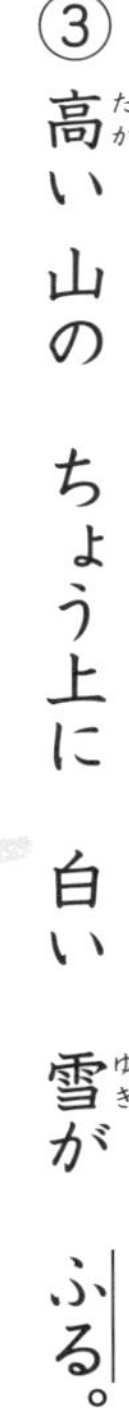

2 つぎの 文を 声に 出して 読んで、——の しゅ語に 合う じゅつ語に 線を 引きましょう。

ひとつ4点(12点)

① みどりさんが そうじを したので まどが ピカピカだ。

② 今日は 一日中 はげしい 雨が ふった。

③ 兄は うんどう会で いっしょうけんめい 走った。

3 つぎの 文しょうを 声に 出して 読んで、もんだいに 答えましょう。

ひとつ19点（76点）

　コアラは　オーストラリアに　すむ　どうぶつです。木の　上で　生活して、ユーカリの　葉だけを　食べます。

　コアラの　めすの　おなかには、子どもを　そだてるための　ふくろが　ついて　います。

　カンガルーの　めすにも　コアラと　同じような　ふくろが　ついて　います。でも、カンガルーは　木の　上ではなく、草原に　すんで　います。

①「どうぶつです」の　しゅ語は　何ですか。

（　　　　　）

②木の　上で　生活する　どうぶつは　何ですか。

（　　　　　）

③めすの　おなかに　ふくろが　ある　どうぶつは　何ですか。

（　　　　　）
（　　　　　）

まとめの　テスト②

しゅ語と　じゅつ語②

1 ひとつ10点(40点)

つぎの　文しょうを　声に　出して　読んで、答えを　□から　えらんで　書きましょう。

わたしは　三人姉妹の　三女です。わたしは、今、小学校二年生です。いちばん　上の　姉は、来年から中学生です。二番目の　姉は、わたしより　二つ年上です。

① 「わたしは」の　じゅつ語は　何ですか。

（　　　　　　　　）です。

② 来年も、小学生なのは　だれと　だれですか。

（　　　　　　　　）と（　　　　　　　　）

③ いま、小学校四年生なのは　だれですか。

（　　　　　　　　）

いちばん上の姉
二番目の姉
わたし
三女

② つぎの　文しょうを　声に　出して　読んで、もんだいに　答えましょう。

ひとつ20点(60点)

　ふじ山は　日本で　いちばん　高い　山です。友だちの　はるかさんは　夏休みに　ふじ山を　見たそうです。いつか　のぼりたいと　言って　いました。

　山田先生は、ふじ山に　のぼった　ことが　あるそうです。ちょう上まで　のぼると　とても　気もちが　よいと　言って　いました。

⑴ 日本で　いちばん　高い　山の　名前は　何ですか。

⑵ ふじ山に　のぼった　ことが　あるのは　だれですか。

⑶ よいに　合う　しゅ語は　何ですか。

29 

まとめの　テスト③

いつ・どこで

月　日　　点

1 **つぎの　文しょうを　声に　出して　読んで、もんだいに　答えましょう。**　ひとつ10点(20点)

　春に　なると　サクラの　花が　さきます。サクラの　花は　あたたかい　南で　先に　さいて、さむい　北では　あとに　さきます。

① サクラの　花が　さく　きせつは　いつですか。

（　　　　）

② サクラの　花は　南と　北の　どちらで　先に　さきますか。

（　　　　）

2 **つぎの　文しょうを　声に　出して　読んで、もんだいに　答えましょう。**　ひとつ10点(20点)

　来週の　日曜日に　学校で　うんどう会が　行われます。日曜日に　雨が　ふったら、うんどう会は　つぎの　日に　行われます。

① うんどう会は　どこで　行われますか。

（　　　　）

② 日曜日に　雨が　ふったら、うんどう会は　いつ　行われますか。

（　　　　）

③ つぎの　文しょうを　声に　出して　読んで、もんだいに　答えましょう。

ひとつ12点(60点)

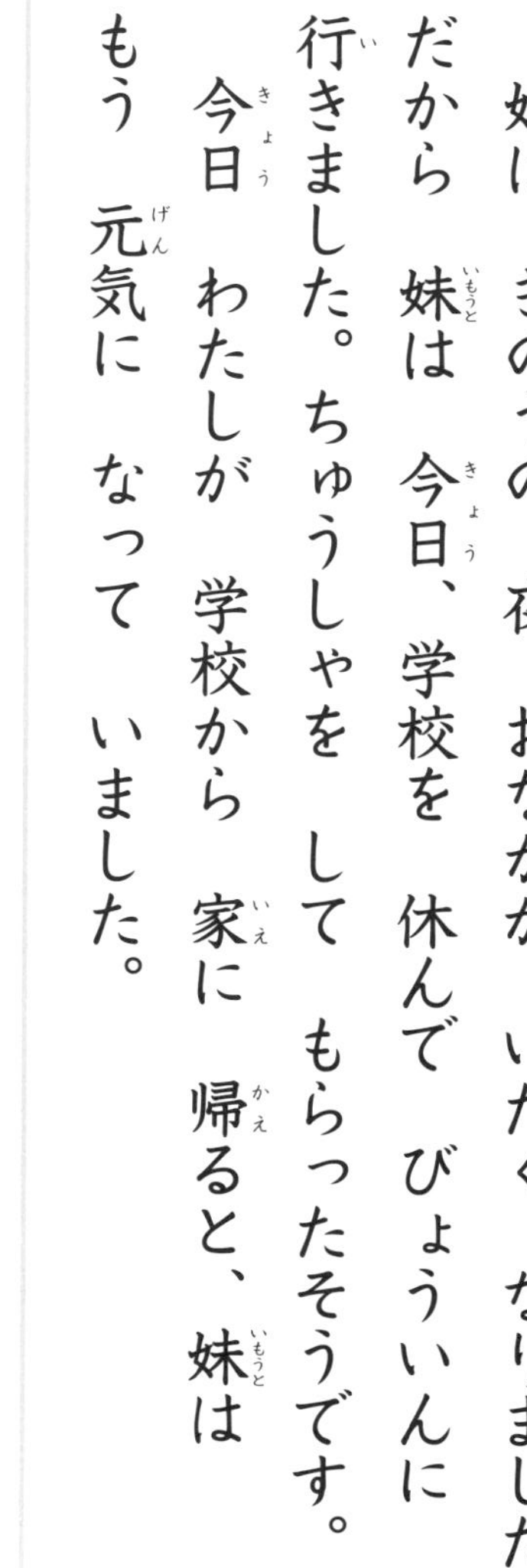

妹は　きのうの　夜、おなかが　いたく　なりました。だから　妹は　今日、学校を　休んで　びょういんに　行きました。ちゅうしゃを　して　もらったそうです。
今日　わたしが　学校から　家に　帰ると、妹は　もう　元気に　なって　いました。

① 妹の　おなかが　いたく　なったのは　いつですか。

(　　　　　　)

② 妹が　学校を　休んだのは　いつですか。

(　　　　　　)

③ 妹は　今日、学校を　休んで　どこへ　行きましたか。

(　　　　　　)

④ 「わたし」は　今日、どこから　家に　帰りましたか。

(　　　　　　)から　家に　帰った

30

まとめの テスト④

ようすを あらわす ことば

月　日

点

できたね シール

1 つぎの 文を 声に 出して 読んで、――の ようすを あらわす ことばに 線を 引きましょう。

ひとつ5点(15点)

① 雨が やんだ あとの 空に、きれいな にじが 出た。

② 夜空に すばやく ながれる ながれ星が 見えた。

③ わたしは めずらしい 生きものを はっ見した。

2 つぎの 文を 声に 出して 読んで、――の ことばと はんたいの いみの ことばを （　） から えらんで、○を つけましょう。

ひとつ5点(15点)

① エベレストは ふじ山より 高い。
→ふじ山は エベレストより （ひくい・やすい）。

② 出せきしゃの 数が 多い。
→けっせきしゃの 数が （小さい・少ない）。

③ じ書は 教科書より あつい。
→教科書は じ書より （さむい・うすい）。

3 上の文の ようすを あらわす ことばを下から えらんで ・――・で むすびましょう。

ひとつ10点(50点)

①
- 強い 雨が ふる ようす。 ・　　　・しとしと
- 弱い 雨が ふる ようす。 ・　　　・ビュービュー
- 強い 風が ふく ようす。 ・　　　・ザーザー

②
- ものが いっぱいに 入って いる ようす。 ・　　　・スカスカ
- ものが ほとんど 入って いない ようす。 ・　　　・ぎゅうぎゅう

4 つぎの 文しょうを 声に 出して 読んで、（　）に 入る ことばに ◯を つけましょう。

20点

今日、テストが ありました。とても（むずかしい／かんたんな）もんだいだったので、なかなか答えられませんでした。

31

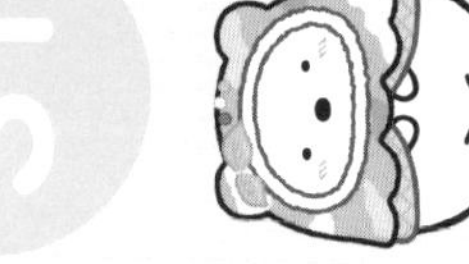

まとめの　テスト⑤

気もちを　あらわす　ことば

1 つぎの　文を　声に　出して　読んで、気もちを　あらわして　いる　ところに　――を　引きましょう。

ひとつ10点（30点）

① 先生に　ほめられて　うれしい。

② うんどう会で　白組に　まけて　しまって　くやしい。

③ わたしは　てん校するので、友だちと　わかれるのが　かなしい。

2 つぎの　文しょうを　声に　出して　読んで、読みとれる　気もちに　○を一つ　つけましょう。

30点

はじめて　一人で　電車に　のって、となりの　えきまで　お買いものに　行きます。むねが　どきどきして　います。

① （　）うらやましい　気もち。

② （　）ありがたい　気もち。

③ （　）きんちょうする　気もち。

3 つぎの 文しょうを 声に 出して 読んで、①②に 入る ことばを □から えらんで 書きましょう。

ひとつ20点(40点)

わたしは アイスクリームが すきです。だから、アイスクリームを 食べる ときは、（ ① ）な 気もちに なります。

今、家に アイスクリームが ないので、少し（ ② ）な 気もちです。

ざんねん
まじめ
しあわせ
にぎやか

① （　　　　）

② （　　　　）

32

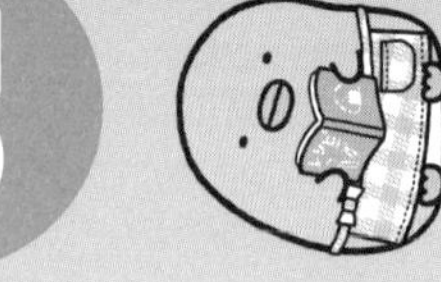

まとめの　テスト⑥

じゅん番に　ちゅういして　読みとろう

1 つぎの　文しょうを　声に　出して　読んで、もんだいに　答えましょう。

ひとつ16点(64点)

　しろくまと、とんかつと、とかげと　ぺんぎん？が、せいくらべを　しました。
　とんかつは　ころもの　分だけ　とかげより　せが高いです。
　しろくまは　耳が　上に　出て　いるので、その　分だけとんかつより　せが　高いです。
　ぺんぎん？は　足が　みじかいので　とかげより　せがひくいです。

① しろくまと　とかげは　どちらのほうが　せが　高いですか。

（　　　　　）

② ぺんぎん？と　とんかつは　どちらのほうが　せが　高いですか。

（　　　　　）

③ せが　いちばん　ひくいのは　どの　すみっコですか。

（　　　　　）

④ せが　いちばん　高いのは　どの　すみっコですか。

（　　　　　）

2 つぎの　文を　声(こえ)に　出して　読(よ)んで、（　　）に　入る　ことばを　答(こた)えましょう。

ひとつ12点(てん)(36点(てん))

①

・図書(としょ)かんは　月曜日(げつようび)が　お休みです。
・今日(きょう)は　月曜日(げつようび)です。

だから、今日(きょう)は　図書(としょ)かんが　（　　　　　　　）です。

②

・じゅぎょう中は　しずかに　しなければ　なりません。
・今は　じゅぎょう中です。

だから、今は　（　　　　　　）に　しなければ　なりません。

③

・わたしたちは　公園(こうえん)に　います。
・公園(こうえん)では　サッカーが　きん止されて　います。

だから、わたしたちは　ここで　サッカーを　する　ことが
（　　　　　　）。

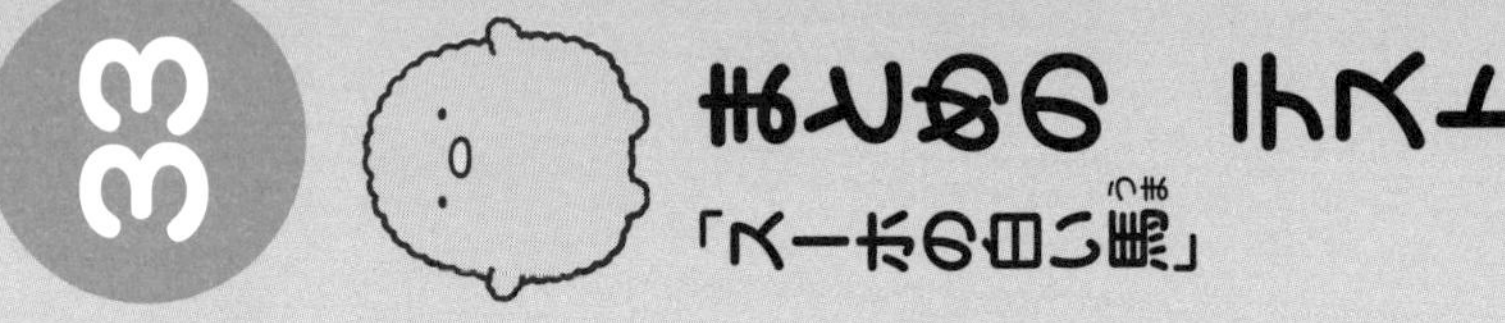

33 まとめの テスト⑦ 「スーホの白い馬」

月　日

点

つぎの 文しょうを 声に 出して 読んで、もんだいに 答えましょう。

声に出して読めて50点

（モンゴルの草原でくらす、まずしいひつじかいの少年スーホは、ある日、生まれたばかりの白い子馬をひろってきました。子馬は、すくすくとそだちました）

あるばんのこと、ねむっていたスーホは、はっと目をさましました。けたたましい馬の鳴き声と、ひつじのさわぎが聞こえます。スーホは、はねおきると外にとび出し、ひつじのかこいのそばにかけつけました。見ると、大きなおおかみが、ひつじにとびかかろうとしています。そして、わかい白馬が、おおかみの前に立ちふさがって、ひっしにふせいでいました。

スーホは、おおかみをおいはらって、白馬のそばにかけよりました。白馬は、体中あせびっしょりでした。きっと、ずいぶん長い間、おおかみとたたかっていたのでしょう。

スーホは、あせまみれになった白馬の体をなでながら、兄弟に言うように話しかけました。

「よくやってくれたね、白馬。本当にありがとう。これから先、どんなときでも、ぼくはおまえといっしょだよ。」

令和4年度版　光村図書　こくご　赤とんぼ　二下
108～123ページ「スーホの白い馬」

1 「きっと、ずいぶん長い間、おおかみとたたかっていたのでしょう」と　ありますが　どうして　そう　いえるのですか。

20点

白馬が　体中（　　　　）だったから。

2 「よくやってくれたね」と　ありますが、何を　よく　やって　くれたのですか。○を一つ　つけましょう。

15点

①（　）白馬が　おおかみから　ひつじを　まもって　くれた。

②（　）スーホが　おおかみから　ひつじを　まもって　くれた。

③（　）白馬が　おおかみから　スーホの　兄弟を　まもって　くれた。

3 「おまえ」と　ありますが　これは　だれの　ことですか。□から　えらんで　答えましょう。

15点

スーホの兄弟
白馬
ひつじ
おおかみ

（　　　　）

34 まとめの テスト⑧「ビーバーの 大工事」

月　日

点

つぎの 文しょうを 声に 出して 読んで、もんだいに 答えましょう。

声に出して読めて50点

ここは、北アメリカ。大きな 森の 中の 川の ほとりです。

ビーバーが、木の みきを かじって います。

ガリガリ、ガリガリ。

すごい はやさです。木の 根元には、たちまち 木の かわや 木くずが とびちり、みきの 回りが 五十センチメートルいじょうも ある 木が、ドシーンと 地ひびきを 立てて たおれます。

ちかよって みますと、上あごの 歯を 木の みきに 当てて ささえに し、下あごの するどい 歯で、ぐいぐいと かじって いるのです。するどくて 大きい 歯は、まるで、大工さんの つかう のみのようです。

ドシーン、ドシーン。

あちらでも こちらでも、ポプラや やなぎの 木が つぎつぎに たおされて いきます。

令和4年度版　東京書籍　新しい　国語　二下　10～17ページ「ビーバーの　大工事」

1 「ガリガリ、ガリガリ」と「ドシーン、ドシーン」は、それぞれ 何の 音を あらわして いますか。
・――・で むすびましょう。

ひとつ10点(20点)

- ガリガリ、ガリガリ ・
- ドシーン、ドシーン ・

- ・木が たおされる 音。
- ・ビーバーが 木の みきを かじる 音。

2 ビーバーの 「するどくて 大きい 歯」は 大工さんの つかう 何のようだと いって いますか。
文中から 書き出しましょう。

15点

まるで 大工さんの つかう □□ のようです。

3 大きな 木が なぜ たおれて いるのですか。
○を一つ つけましょう。

15点

①（　）北アメリカの 森では しぜんに 木が たおれるから。
②（　）ビーバーが 木の みきを かじって たおして いるから。
③（　）人間が 森の 中に 入って いったから。

35 まとめの テスト⑨ 「いちばんぼし」

月　日

点

できたね シール

つぎの しを 声に 出して 読んで、もんだいに 答えましょう。

声に出して読めて50点

いちばんぼし

まど・みちお

いちばんぼしが でた
うちゅうの
目のようだ

ああ
うちゅうが
ぼくを みている

令和4年度版 学校図書 みんなと学ぶ 小学校 こくご 二下 「いちばんぼし」

1 「うちゅうの 目のようだ」と ありますが 何が うちゅうの 目のようなのですか。 15点

（　　　　　　）

2 この しは いつの ことを あらわして いますか。□から えらんで 答(こた)えましょう。

20点(てん)

朝(あさ) 昼(ひる) 夕方(ゆうがた)

（　　）

3 「うちゅうが ぼくを みている」と ありますが「ぼく」は どうして そう 思(おも)ったのですか。◯を一つ つけましょう。

15点(てん)

①（　）いちばんぼしが まるで ぼくを 見(み)つめるように ただ ひとつ そらに かがやいて いるから。

②（　）ぼくの 目の前(まえ)に たくさんの ほしが きらきらと かがやいて いるから。

③（　）いちばんぼしを 見ている ぼくを うちゅう人も どこかで 見て いるから。

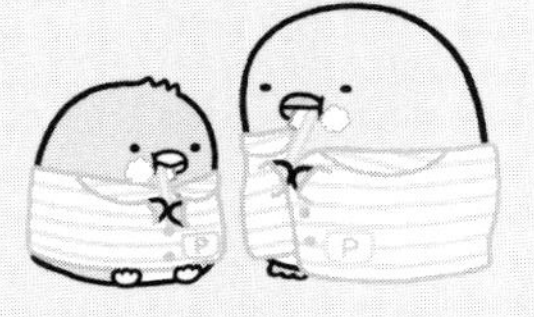

答(こた)え合(あ)わせ

4～6ページは、答(こた)えを　はぶいて　います。

★おうちの方は「解説」を参考に○をつけてあげてください。
★ふりがなは入れなくてかまいません。

2 文しょうの　書(か)きうつし②

7ページ

❷ ②

れい

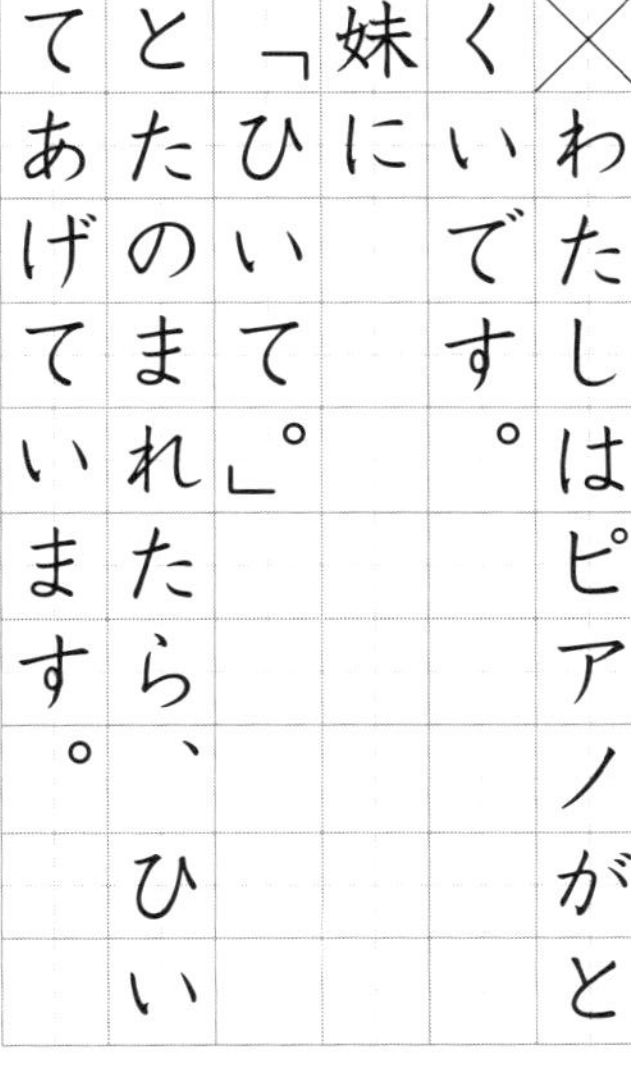

わたしはピアノがと
くいです。
妹に
「ひいて。」
とたのまれたら、ひい
てあげています。

解説

▼音読が苦手な場合は、おうちの人がお手本で読んであげてください。あとから自分で文章を読んだときに、流れや切れ目を理解して読み進めることができます。音読は語彙力と文章力の向上につながるので、習慣化するといいでしょう。

▼書き写しは、句読点の位置を意識しましょう。文中のどの位置に句読点を打つかが自然と身につき、作文のときに区切りのいい読みやすい文を書けるようになります。また、「　」のところは改行するルールも伝えてあげてください。

3 しゅ語(ご)を　見つける①

8・9ページ

❶ ①たぴおか　②ほこり

❷ ①友(とも)だち　②わたし

❸ ①わたし　②（わたしの）姉(あね)

③（わたしの）弟(おとうと)　④わたし・（わたしの）姉(あね)

解説

▼1年生のときに習った「だれが」の言葉は、2年生になると教科書で「主語」として出てきます。動きや状態を表しているのが誰（なに）かを見つけることがポイントです。❸のように人物が複数出てくるときは、人物名を○で囲むなどして登場人物を整理するといいでしょう。

4 しゅ語を　見つける②

10・11ページ

❶ ①サッカー　②わたし

❷ ①風　②まどガラス

❸ ①雨　②わたし

③（みんな）家ぞく　④ばんごはん

解説

▼「しゅ語を見つける②」は、2行目以降の文の主語が変わっていたり、主語がはっきりと書かれていなかったりする文章問題です。日本語には主語が省略されるケースがありますが、隠れた主語を見つけるポイントは動詞にあります。それぞれの動作をしてるのが誰（なに）かを考えて答えを導き出しましょう。

5 「いつ」「どこで」の　ことば①

12・13ページ

❶ ①今日は　うんどう会が　ある。

②妹は　今年から　小学生に　なる。

③きのうは　学校が　お休みだった。

❷ ①昼休み　②来週

❸ ①やまは　よく　おんせんに　あらわれます。

②しろくまは　北から　来ました。

③おばけは　やねうらに　すむ　みにっコです。

❹ ①公園　②学校

解説

▼「いつ」「どこで」は、物語文や説明文の場面展開を理解する際に重要となります。設問でも問われやすいので、長い文章のときは横に線を引くなどしておくといいでしょう。作文や日記を書くときも、「いつ・どこで・だれが・なにを・どうした」を基本構造として書くといいことを伝えてください。

6 「いつ」「どこで」の ことば②

14・15ページ

❶ ①今日(きょう)　②あした

❷ ①学校　②公園(こうえん)

解説

▼時間の流れや場所の違いを読み取る問題です。複数出てくると混乱しやすいですが、情景を思い浮かべながら読むと理解しやすくなります。

7 「いつ」「どこで」の ことば③

16・17ページ

❶ ①きのう　②学校

❷ ①春(はる)　②（あたたかい）南(みなみ)

❸ ①冬(ふゆ)

②冬(とう)みんの前(まえ)

③あなの中

解説

▼季節の流れを追う展開は、説明文によく見られます。「いつ・どこで・なにを」するのかを意識して、ていねいに読むようにしましょう。

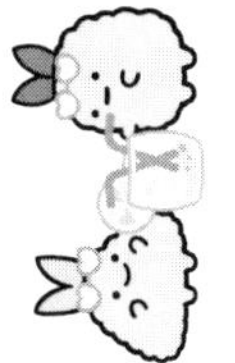

8 じゅつ語(ご)を 見つける①

18・19ページ

❶ ①しろくまが　お茶(ちゃ)を　のんだ。

②とかげが　およいだ。

③とんかつが　えびふらいのしっぽと　あそんだ。

❷ ①歌(うた)った　②休んだ　③かいた

❸ ①おやつを食(た)べた

②テレビを見(み)た

解説

▼1年生で習った「どうした」の言葉を、2年生では「述語」として学習します。2年生では主語・述語・修飾語の用語を使って文法を習いますが、分かりにくい場合は1年生のときに習った言葉（だれがのことば、どうしたのことばなど）に置き換えて説明してあげてください。

9 じゅつ語を 見つける②

20・21ページ

❶ ①ひいた（ひきました）
②歌った（歌いました）

❷ ①かいた（かきました）
②ほめた（ほめました）

❸ ①そだてた（そだてました）
②まいた（まきました）
③水やり・かんさつ
④とり出した（とり出しました）

解説

▼述語＝動作を表す言葉です。なにをしたかを問われているときは、育てた、かんさつしたなどの動きの言葉に着目して、答えを導き出しましょう。

10 ようすを あらわす ことば①

22・23ページ

❶ ①

ぞうの 鼻は（長い・みじかい）。

②
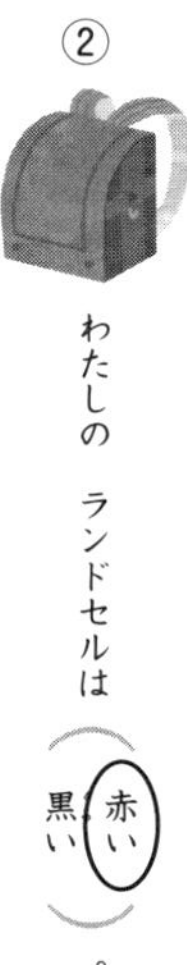
わたしの ランドセルは（赤い・黒い）。

③
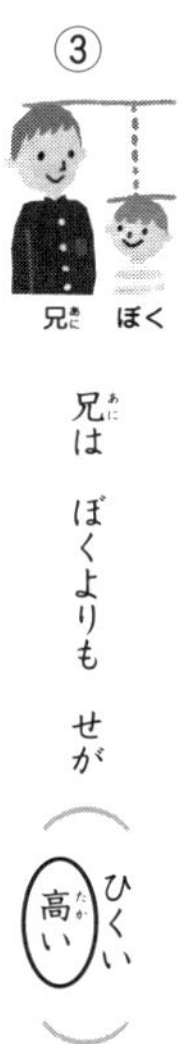

兄は ぼくよりも せが（ひくい・高い）。

❷ ①きれいな ②新しい
③きらきら

❸ ①細い ペンで 字を 書く。
→（大きい・太い） 木が 生えて いる。
②家ぞくで 遠い 町まで 出かける。
→わたしたちの 家は えきから（近い・少ない）。

❹ ①強い、 ②弱い ③遠く

解説

▼様子を表す言葉は、作文を書いたり自分が話をしたりするときに、相手に分かりやすく伝えるために役立ちます。本を手に取るときも「分厚くて、かたい本」など、身のまわりのものでいっしょに表現を楽しんでみるといいですね。

11 ようすを　あらわす　ことば②　24・25ページ

❶ ①めずらしい　②くわしい

❷ ①高い・せまい

②高い

❸ ①長い　②みじかい

③はやい

解説

▼説明文の読解では、様子を表す言葉が出来事やものごとの様子を想像するときの材料になります。似た意味の言葉や反対の意味の言葉など、関連づけて学んでいくといいでしょう。

12 気もちを　あらわす　ことば①　26・27ページ

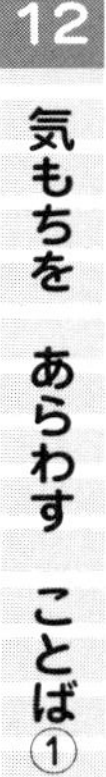

❶ ①先生に　ほめられて　うれしい。

②友だちと　けんかを　して　かなしい。

③かけっこで　まけて　しまい　くやしい。

❷ ①うきうきする　②こまる

③しんぱいになる　④つまらない

❸ ①あん心　②はらはらする

③くやしい

解説

▼気持ちを表す言葉は、物語文で登場人物の心情の変化を読み解く際のポイントになります。また、感想文などを書くときの表現力にもつながるので、絵本やマンガなどからたくさん語彙をストックしておきましょう。

13 気もちを　あらわす　ことば②

1
①（　）しあわせな　気もち。
②（〇）あわてる　気もち。
③（　）うらやましい　気もち。

2
①（　）クラスの　みんなが　うんどう会を　楽しみに　して　いる。
②（〇）わたしは　うんどう会を　楽しみに　して　いる。
③（　）わたしは　うんどう会が　きらいだ。

3
①㋐（　）かぜを　ひいて　ねつが　ある。
㋑（　）とても　さむい。
㋒（〇）おばけが　こわい。

②へいき

解説

▼話し手の気持ちを読み取る問題です。書かれている状況を自分自身に置き換えて考えてみると、気持ちを読み取ることができます。

14 つなぎの　ことば①

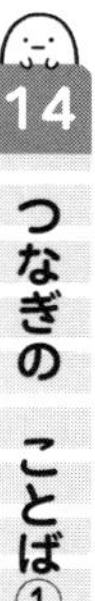

1
①だから　②しかし　③なぜなら

2
①きのうは　夜ふかしを　した。だから　今日は（ねむい／ねむくない）。

②ゆうたくんの　すきな　食べものは　知らない。しかし　ゆうたくんの　すきな　スポーツは（知っている／知らない）。
③わたしは　学校に　かさを　もってきた。なぜなら　天気よほうでは　今日の　天気は（晴れだった／雨だった）からだ。
④うんどう会は　白組が　かちそうだった。ところが　さい後には　赤組が（かった／まけた）。

解説

▼つなぎのことば（接続詞）が出てきたときは、前後の文の展開に着目しましょう。「ところが」や「でも」や「しかし」は、後ろに続く文が前の文とは予想外の結果や展開になります。「だから」は、前の文の出来事を受けて、後ろの文ではそのことから起こる当然の結果につながります。「なぜなら」は、前の文で起きた出来事の理由が、後の文に「〇〇だから」という形で続きます。

15 つなぎの ことば②

32・33ページ

❶ ①

天気よほうでは 今日は 雨でした。（しかし・また）〔しかし に〇〕

よほうが はずれて 晴れたので うんどう会は

（中止になりました・行われました）〔行われました に〇〕。

②

川で うまれた さけの 子どもは いったん 海へ

行きます。（なぜなら・やがて）〔やがて に〇〕 大きく なると 川に

もどってきます。（そして・でも）〔そして に〇〕 川で たまごを

うみます。

❷ ①でも

②そこで

③そして

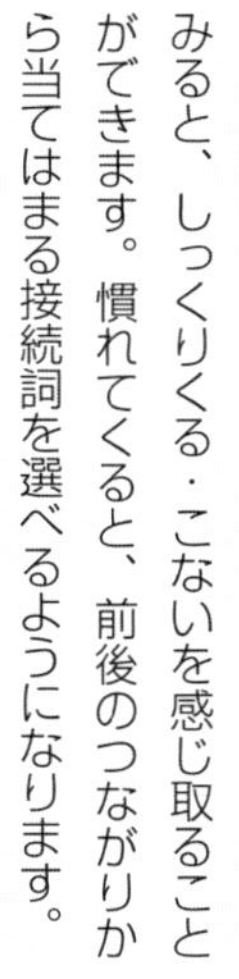

解説

▼①は、雨、予報がはずれた、晴れたの言葉から、前後で予想外の展開が起きていることが分かります。「雨の場合は運動会は延期になる」という子ども自身の経験もふまえて考えられるといいですね。

▼選択問題の場合は、一つずつ当てはめて読んでみると、しっくりくる・こないを感じ取ることができます。慣れてくると、前後のつながりから当てはまる接続詞を選べるようになります。

16 文しょうの じゅん番①

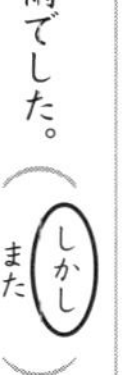

34・35ページ

❶

❷ 3→2→1

解説

▼絵の並び替えは、絵が文章のどの場面を表しているのかを対比させて考えましょう。文章の並べ替えは、共通のキーワードを探すと流れをつかみやすくなります。

17 文しょうの じゅん番②

36・37ページ

❶ ①2→1→3

②2→3→1

❷ 4→1→3→5→2

解説

▼文の並べ替えは、接続詞にも着目しましょう。最初に、次に、最後にとある文から順番を埋めていくと考えやすいです。

18 ちゅういして 読みとろう①

38・39ページ

❶ ①ひろとさん　②はるかさん

❷ ①すずめ　②ほこり

③ほこり → ざっそう → にせつむり → すずめ

解説

▼書かれている場面の状況を整理して読み解く問題です。難しく感じる場合は、文章の順番通りに図を描いてみると、ただ文を追うよりも頭の中が整理できます。

19 ちゅういして 読みとろう②

40・41ページ

❶ ① だから、みどりさんは　今日　少し

とう校する。

② つまり、はるかさんの　組は　うんどう会で

。

❷ ①あり　②ひきつける

③す

解説

▼①は、日直＝早く登校する。みどりさん＝日直。という関係図を思い浮かべると、答えを導き出せます。②では「赤組が負けた＝白組が勝った」と置き換えられるかがポイントです。

20 読みとりもんだい①（もの語）「ふきのとう」

42・43ページ

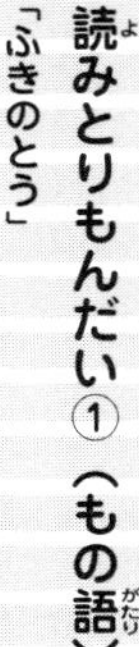

❶ 春・雪

❷ ①ふきのとう　②雪

❸ ①雪

②　㋐（　）お日さまが　あたらないと　さむいから。

㋑（〇）お日さまが　あたらないと　とけて　とおくへ　行けないから。

㋒（　）竹やぶと　いっしょに　あそべないから。

解説

▼物語文の読み取りは、場面を想像しながら読み進めることがポイントです。セリフがたくさん出てくるので、まずは登場キャラクターの整理をし、それぞれのセリフの発言者が誰かを考えていきましょう。

▼竹のはっぱ、ふきのとう、雪の3つにまるをつけて、それぞれのセリフがどれかを考えましょう。主語の後にセリフがある場合と、セリフの後に主語が出てくる場合があることにも気づけるといいですね。

21 読みとりもんだい②（もの語）「ニャーゴ」

44・45ページ

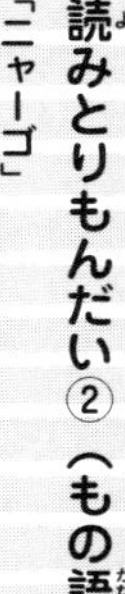
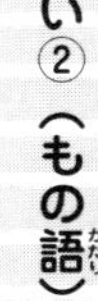

❶ おしゃべり

❷ ねこ

❸ ①（　）三びきが　ねこと　たたかう　つもりだから。

②（　）三びきは　ねこが　こわくないと　知って　いるから。

③（〇）三びきは　ねこが　こわい　ことを　知らなかったから。

解説

▼③の問題は前半の「先生の話をちっとも聞かずに、おしゃべりしている子ねずみが三びきいますよ」の場面の想像ができているかがポイントです。先生の話の内容を聞いていなかった→先生がなんと言っていたかな？　と問いかけてあげるといいでしょう。

22 読みとりもんだい③（もの語）「かさこじぞう」

46・47ページ

❶ お気のどく　つめたかろう

❷ ①手ぬぐい　②かぶせた（かぶせました）

❸ ①（○）すべての　じぞうさまに　かさか　手ぬぐいを　かぶせる　ことが　できたから。

②（　）じぞうさまを　あたたかい　ところに　うごかす　ことが　できたから。

③（　）じいさまの　かさが　ぜんぶ　売れたから。

解説

▼時代設定が古い物語文は言い回しが独特なため、音読でつっかえてしまう場合はサポートしてあげてください。セリフはおじいさんのものだけなので、セリフとその後に続くおじいさんの動作をセットで読み取るように伝えてあげてください。

23 読みとりもんだい④（せつ明文）「たんぽぽの　ちえ」

48・49ページ

❶ わた毛

❷ ①㋐（　）わた毛に　ついて　いる　たねを　とばす　こと。

㋑（　）花が　すっかり　かれて、わた毛が　できる　こと。

㋒（○）花の　じくが　おき上がり、ぐんぐん　のびる　こと。

②高く・とおく

解説

▼説明文の読み取りは、「なにについて書かれているか」を理解することがポイントです。それぞれの文の主語と述語を見つけ出し、ていねいに展開を追いましょう。

▼❷の問題のように、それ・これ、などの指示語が出てきた場合は、その直前の文に指し示している内容があることを教えてあげてください。また、理由を問われる問題の場合は「○○だから」という文言がヒントになることも伝えてあげるといいでしょう。

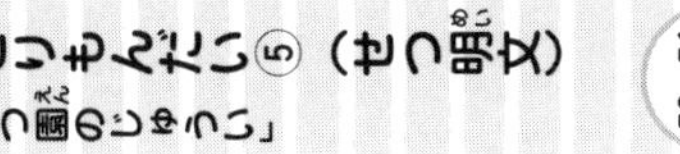

24 読みとりもんだい⑤（せつ明文）
「どうぶつ園のじゅうい」

50・51ページ

❶ ①どうぶつ園・じゅうい

❷ ①（○）元気な ときの ようすを 見ておくと、びょうきに なった ときに すぐ 気づく ことが できるから。
②（○）ふだんから 自分の 顔を 見せておくと、どうぶつに おぼえて もらえるから。
③（　）どうぶつ園の きそくで、きめられているから。

❸ どうぶつたち

解説

▶❷の問題は回答が二つあることを見落としやすいので、問題文を注意深く読むようにしましょう。つなぎのことば（接続詞）の「また」は、前の物事の付け足しが後ろの文に続くというルールも教えてあげてください。

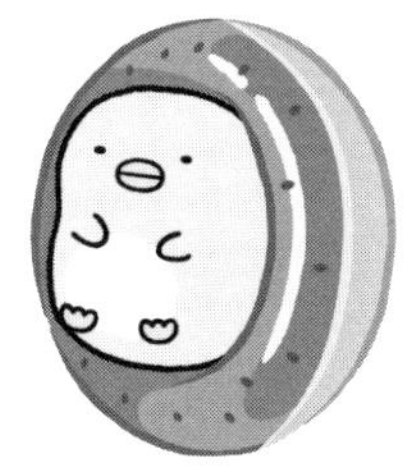
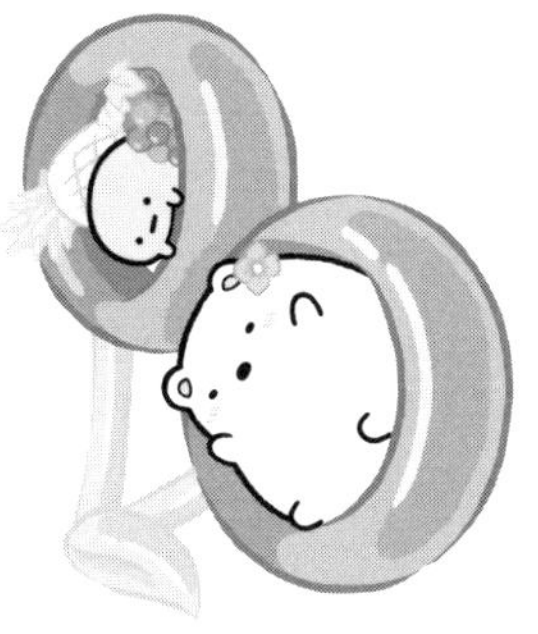

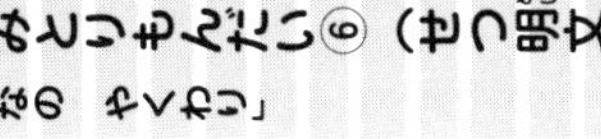

25 読みとりもんだい⑥（せつ明文）
「あなの やくわり」

52・53ページ

❶ 五十円玉の あな ― はかと くべつする。
うえ木ばちの そこの あな ― 水を 外に 出す。

❷ ①（　）同じくらいの 大きさで どちらにも あなが あいて いたから。
②（○）同じくらいの 大きさで どちらにも あなが なかった から。
③（　）同じくらいの 大きさで 百円玉には あなが あいて いたから。

❸ くべる

解説

▶❷の問題は、最初のブロックの後ろから３行目にある「そこで」に気づけるかがポイントです。「そこで」は、前の文の事柄が原因・理由となって、その後に起こる事柄を後ろの文で述べています。

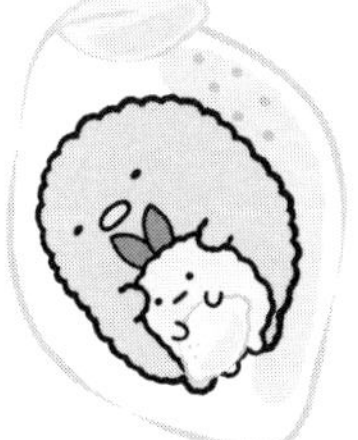

26 読みとりもんだい⑦（し）「空に ぐうんと 手を のばせ」

54・55ページ

❶ 海（うみ）・横（よこ）

❷ くじら

❸
①（　）思いきり 手を のばして、しっかりと からだを きたえて ほしい。
②（　）ふだんから できそうもない ことばかり 言うのは、やめて ほしい。
③（○）いつも 大きな ゆめや きぼうを もって、せかい中の 人たちと なかよくして ほしい。

解説

▼詩は独特のリズムや表現があります。必ず題名があるので、題名も忘れずに読むようにしましょう。それぞれの節で同じリズムや同じ表現が繰り返されているところに線を引くといいでしょう。

▼❸の問題は実際に体を動かしてみるとイメージがしやすくなります。地球＝世界中と置き換えられると答えが見えてきます。

27 まとめの テスト① しゅ語と じゅつ語①

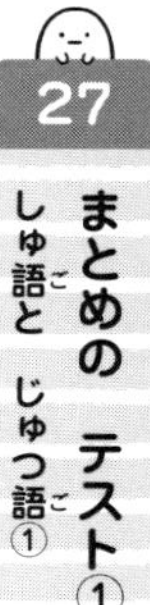

56・57ページ

❶
①わたしは 弟と いっしょに 公園へ 行く。
②学校の きゅう食は とても おいしい。
③高い 山の ちょう上に 白い 雪が ふる。

❷
①みどりさんが そうじを したので まどが ピカピカだ。
②今日は 一日中 はげしい 雨が ふった。
③兄は うんどう会で いっしょうけんめい 走った。

❸
①コアラは ②コアラ
③コアラ・カンガルー

28 まとめの テスト②
しゅ語と じゅつ語②

58・59ページ

❶ ①三女 ②わたし・二番目の姉
③二番目の姉

❷ ①ふじ山 ②山田先生
③気もちが

29 まとめの テスト③
いつ・どこで

60・61ページ

❶ ①春 ②南

❷ ①学校 ②つぎの日（月曜日）

❸ ①きのうの夜
②今日 ③びょういん
④学校

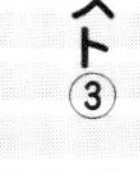

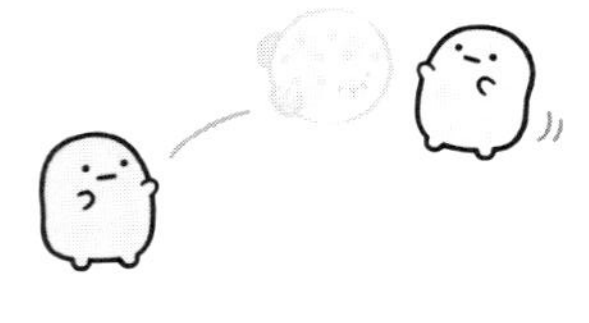

30 まとめの テスト④
ようすを あらわす ことば

62・63ページ

❶ ①雨が やんだ あとの 空に、きれいな にじが 出た。

②夜空に すばやく ながれる ながれ星が 見えた。

③わたしは めずらしい 生きものを はっ見した。

❷ ①エベレストは ふじ山より 高い。
→ふじ山は エベレストより （ひくい）・やすい）。

②出せきしゃの 数が 多い。
→けっせきしゃの 数が （小さい・少ない）。

③じ書は 教科書より あつい。
→教科書は じ書より （さむい・うすい）。

❸ ①
強い 雨が ふる ようす。 — ザーザー
弱い 雨が ふる ようす。 — しとしと
強い 風が ふく ようす。 — ビュービュー

②
ものが いっぱいに 入って いる ようす。 — ぎゅうぎゅう
ものが ほとんど 入って いない ようす。 — スカスカ

❹
今日、テストが ありました。とても （むずかしい・かんたんな） もんだいだったので、なかなか 答えられませんでした。

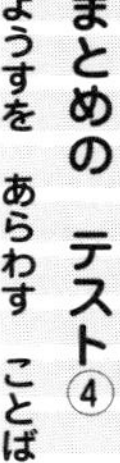

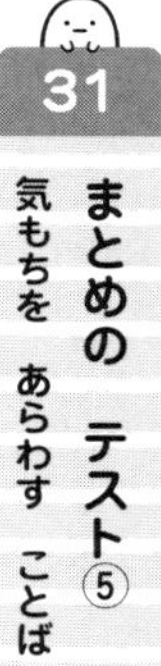

31 まとめの テスト⑤ 気もちを あらわす ことば

64・65ページ

❶ ①先生に ほめられて うれしい。

②うんどう会で 白組に まけて しまって くやしい。

③わたしは てん校するので、友だちと わかれるのが かなしい。

❷ ①（ ）うらやましい 気もち。

②（ ）ありがたい 気もち。

③（○）きんちょうする 気もち。

❸ ①しあわせ ②ざんねん

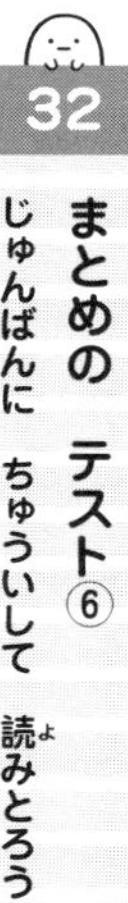

32 まとめの テスト⑥ じゅんばんに ちゅういして 読みとろう

66・67ページ

❶ ①しろくま ②とんかつ

③ぺんぎん？ ④しろくま

❷ ①お休み ②しずか

③できません（きん止されて います）

33 まとめの テスト⑦ 「スーホの白い馬」

68・69ページ

❶ あせびっしょり（あせまみれ）

❷ ①（○）白馬が おおかみから ひつじを まもって くれた。

②（ ）スーホが おおかみから ひつじを まもって くれた。

③（ ）白馬が おおかみから スーホの 兄弟を まもって くれた。

❸ 白馬

解説

▼❶の問題のポイントとなる「きっと」は、前の文で起きた出来事の理由を推測する、つなぎことばです。「きっと」の後には「○○だろう」という形が続くことを教えてあげましょう。

34 まとめの テスト⑧
「ビーバーの 大工事（だいこうじ）」

70・71ページ

❶ ガリガリ、ガリガリ ― 木が たおされる 音。
ドシーン、ドシーン ― ビーバーが 木の みきを かじる 音。

❷ のみ

❸ ①（　）北（きた）アメリカの 森では しぜんに 木が たおれるから。
②（◯）ビーバーが 木の みきを かじって たおして いるから。
③（　）人間（にんげん）が 森の 中に 入って いったから。

解説

▶❶の擬音語は、様子を表す言葉としてよく出てくるので、言葉の連想ゲームをして語彙を磨いていくといいでしょう。❷は「まるで〇〇のよう」の比喩の表現を見つけることがポイントです。「まるで」の比喩表現は文に深みが出るので、作文で使えるといいですね。

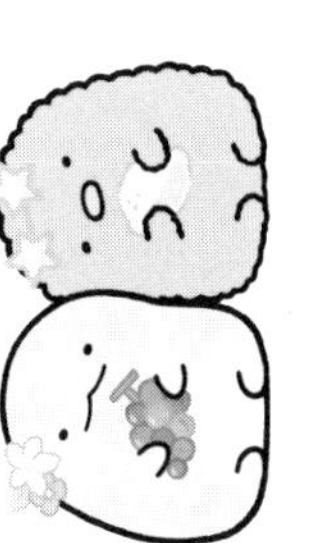

35 まとめの テスト⑨
「いちばんぼし」

72・73ページ

❶ いちばんぼし

❷ タ方（ゆうがた）

❸ ①（◯）いちばんぼしが まるで ぼくを 見つめるように ただ ひとつ そらに かがやいて いるから。
②（　）ぼくの 目の前に たくさんの ほしが きらきらと かがやいて いるから。
③（　）いちばんぼしを 見て いる ぼくを うちゅう人も どこかで 見て いるから。

解説

▶❷の問題は詩の中にヒントとなる箇所がありません。「いちばんぼし」がいつの時間帯に出るものかを解説してあげましょう。❸の問題は推測しながら答えを導き出す必要があります。これは違う、と思うものから外していきましょう。